数字图书馆构建技术与应用实践研究

黄维宁 著

中国财富出版社有限公司

图书在版编目（CIP）数据

数字图书馆构建技术与应用实践研究／黄维宁著．— 北京：中国财富出版社有限公司，2020.8

ISBN 978-7-5047-7225-1

Ⅰ．①数… Ⅱ．①黄… Ⅲ．①数字图书馆－研究 Ⅳ．①G250.76

中国版本图书馆 CIP 数据核字（2020）第 161334 号

策划编辑	谷秀莉　沈安琪	责任编辑	邢有涛　沈安琪	版权编辑	李　洋
责任印制	梁　凡	责任校对	卓闪闪	责任发行	杨　江

出版发行	中国财富出版社有限公司		
社　　址	北京市丰台区南四环西路 188 号 5 区 20 楼	邮政编码	100070
电　　话	010-52227588 转 2098（发行部）	010-52227588 转 321（总编室）	
传　　真	010-52227566（24 小时读者服务）	010-52227588 转 305（质检部）	
网　　址	http://www.cfpress.com.cn	排　　版	中图时代
经　　销	新华书店	印　　刷	河北文盛印刷有限公司
书　　号	ISBN 978-7-5047-7225-1/G·0786		
开　　本	710 mm×1000 mm　1/16	版　　次	2023 年 1 月第 1 版
印　　张	9.75	印　　次	2023 年 1 月第 1 次印刷
字　　数	180 千字	定　　价	48.00 元

版权所有·侵权必究·印装差错·负责调换

前 言

在二十一世纪的科技发展中,以数字化为先导的计算机、网络技术迅速发展,创新成果让人应接不暇。数字化的发展带来了一场新的技术革命,网络作为一种工具更是融入了人们的日常生活。随着网络化与数字化发展的不断推进,高校传统图书馆存在的形式与时代有些脱节。数字图书馆代替传统图书馆,数字化的服务与管理替代传统的服务与管理,已经是一大趋势。不断加快数字图书馆建设,提升数字化的服务与管理,使图书馆跨入数字化发展时代,是值得重点关注的内容。

图书馆是一个有机的成长体,每一个"细胞"都是图书馆的有机组成部分。图书馆根据采、编、流、存的工作流程运转,并且以主题为核心开展各项知识点的流转。每一个点、每一个项目都是相互联系、相互影响的,每一个点和项目之间的界限是模糊的,你中有我,我中有你,共同形成一个有机体,推动图书馆从旧范式向新范式过渡,促进图书馆各个方面进行革新。从包括图书、期刊、电子资源在内的全媒体资源收集,到对这些资源进行分类编目、知识服务、长期保存,整个流程都需要重新审视和关注,这给图书馆带来了机遇和挑战。如何顺应新形势,及时发现可用于图书馆信息服务的新技术,并使其充分发挥作用;如何对信息组织与检索进行理论和实践层次的研究,都是图书馆发展过程中需要正视和解决的问题。

信息时代的发展对图书馆管理提出了新的要求。物联网技术被逐渐应用在图书管理中,提升了图书管理的水平,有效地简化流程、降低成本等。本书以图书馆信息平台理论作为基础,结合物联网技术特点展开分析,以期提升现代化图书馆管理水平,并给予相关组织单位完善图书馆的建议。

本书的出版是笔者多年辛勤探索的结果,但由于水平所限,书中一些章节中的观点论述难免存在不足之处,欢迎各位同人批评指正。

黄维宁
2020 年 3 月

目　录

第一章　数字图书馆概述 ……………………………………………… 1
第一节　数字图书馆的概念 ………………………………………… 1
第二节　网格技术的发展对数字图书馆的影响与挑战 …………… 18
第三节　虚拟图书馆 ………………………………………………… 27
第四节　数字图书馆存在的主要问题 ……………………………… 31

第二章　数字图书馆的组织与构建 …………………………………… 33
第一节　数字图书馆管理系统分析 ………………………………… 33
第二节　数字图书馆管理系统的设计与实现 ……………………… 35
第三节　信息集成与整合的设计与实现 …………………………… 44
第四节　数字馆藏的组织及管理 …………………………………… 55

第三章　数字馆藏存储技术 …………………………………………… 69
第一节　数字馆藏存储技术简介 …………………………………… 69
第二节　基于 SAN 和 NAS 技术的数字图书馆存储网络架构 …… 72
第三节　数字图书馆信息安全保障体系 …………………………… 76

第四章　特色数据库建设与实践 ……………………………………… 84
第一节　特色数据库建设的原则及功能结构 ……………………… 84
第二节　特色数据库建设模式及现状分析 ………………………… 87
第三节　特色数据库开发建设方案及要素控制 …………………… 91
第四节　数字资源价值分析和质量控制 …………………………… 96

第五章　数字时代图书馆的发展环境 ………………………………… 99
第一节　数字时代图书馆的技术环境 ……………………………… 99
第二节　数字时代图书馆的经济环境 ……………………………… 104
第三节　数字时代图书馆的文化环境 ……………………………… 109
第四节　数字时代图书馆的法律环境 ……………………………… 113

第六章　数字图书馆推广工程 ………………………………………… 118
第一节　数字图书馆的概念模型 …………………………………… 118
第二节　数字图书馆推广工程要点 ………………………………… 119

  第三节 国家数字图书馆工程 ························· 120
  第四节 数字图书馆推广工程标准规范体系建设 ················ 122
  第五节 数字图书馆推广工程软件和硬件平台建设 ··············· 129
第七章 数字图书馆安全管理 ····························· 136
  第一节 数字图书馆网络安全管理 ······················ 136
  第二节 数字图书馆信息安全管理 ······················ 140
  第三节 数字图书馆知识产权保护 ······················ 145
参考文献 ··································· 148

第一章 数字图书馆概述

第一节 数字图书馆的概念

一、数字图书馆的相关概念

(一) 什么是数字图书馆

"Library"这个词，在英文中有两个解释，一个是"图书馆"，另一个是"库"。"数字图书馆"（Digital Library，简称 DL）的本意更强调"库"，而不是"图书馆"。人们很容易对数字图书馆的概念产生误解，认为只在现有图书馆的基础之上进行数字化设计即可实现数字图书馆的建设，但这是"望文生义"的片面化理解。数字图书馆的内涵非常丰富，数字信息馆、数字信息库等都是数字图书馆的一部分。

计算机技术、网络技术以及多媒体技术的出现和发展，给当代图书馆各个方面的发展带来了较大的影响，围绕数字图书馆开展的理论与实践研究也是热点之一。德国埃森曾召开首届国际电子图书馆会议，美国的得克萨斯州也开展了国际数字图书馆会议。美国计算机协会（ACM）和美国信息科学学会（ASIS）等著名的学会、协会等也都出版了与数字图书馆相关的书籍。美国计算机协会信息检索专业组（ACM SIGIR）、美国电气与电子工程师学会（IEEE）、美国信息科学学会（ASIS）等几大组织曾召开了首届 ACM 数字图书馆国际会议。

数字图书馆是指使用数字化技术实现对纸质文献的数字化加工与存储，其实质是一种多媒体技术的分布式信息存储系统。数字图书馆能够将不同载体类型、不同地理位置的物理信息资料转换成为数字资源进行存储和利用，以便在不同区域对不同服务对象提供检索服务并传递信息，具体包括对原始信息资料的数字化加工、建库、检索、传递以及利用等过程。从数字图书馆建设的角度来看，就是收集与创造数字化馆藏，将所有的文献都转换为计算机能够识别的二进制数据，并在安全保护、访问许可等权限不断完善的基础上，将经过授权的信息通过互联网发布，促使信息实现全球共享。人们通过数字互联网可以随时随地获取自己需要的信息，极大地促进了信息资源的使用与共享。

数字图书馆技术是一门新兴的科学技术，是图书馆学与计算机网络信息技术发展的必然产物。简单来讲，数字图书馆拥有不同类型的数字化信息资源，可以为用户的学习和发展提供更加方便、快捷、全面以及高水平的信息服务。

(二) 数字图书馆的基本元素

1. 数字化资源

数字图书馆的建设和发展是以大量数字化资源为基础的。对于传统的图书馆来讲，数字化只是其发展的趋势之一。建设数字图书馆要考虑做什么以及怎么做的问题。做什么是领导决策性问题，也就是根据馆藏的特色、社会需求等展开考虑。怎么做则是技术发展上的问题，需要以完整的数字图书馆规划方案作为指导，并且建立起类似于现今图书馆运作的"采、编、流、存"机制，根据相关的标准建立起数字化系统，使数字图书馆正常运转。数字图书馆的最终的目的是满足读者的各种需求，而不只是提供二次文献。虽然二次文献可能也是一部分读者的需求，但是书目数据、索引文摘等也都是数字图书馆的重要组成部分。将所有的数据都统一转化为二进制数据后，书籍、期刊、录音、录像等内容会脱离自身原有的形态，具有相同属性的内容能够被同时获取。

2. 网络化存取

数字图书馆是建立在高速的数字通信网络之上的，并且依赖计算机通信网络而存在。不管是内部管理业务还是对外提供服务，数字图书馆都需要使用计算机网络，可以说数字图书馆从中受益也受其限制，只有将计算机网络应用到极限，才能够将数字图书馆的作用发挥至极限。数字图书馆内部实际是由局域网构成的，普遍是由高速主干网络与数台服务器或工作站相连接，外部使用的是广域网服务器，面向互联网。

3. 分布式管理

数字图书馆的高级发展阶段就是分布式管理，也就是全球数字图书馆遵循着统一的访问协议，实现"联邦检索"，将全球的数字图书馆联结在一起，所有的数字化资源融为一体，从而成为一个巨大的图书馆。分布式管理之所以成为数字图书馆的基本要素，主要是因为其重点强调标准协议的重要性，只有共同遵循TCP/IP（传输控制协议/网际协议），数字图书馆才有现今的发展。但是数字图书馆并没有公认的标准协议，所以参与到标准的制定与选择中，对于每一个先驱者来讲都是非常重要的。

4. 规范的软件系统

标准规范化的数字图书馆软件系统，主要分为信息获取与创建、存储与管理、访问与查询、动态发布及权限管理五大模块，协助数字图书馆进行维护与管理工作，向用户提供服务。

（三）数字图书馆的服务方式及作用

数字图书馆是将知识概念作为引导方式，基于文字、图像以及声音等数字化信息的服务，利用互联网传输，促进资源共享。只要有能够联网的计算机终端，用户就可以登录数字图书馆，不受时间、空间限制，能够更加方便地利用数字化信息资源。

数字图书馆既是非常完整的知识服务平台，也是面向未来互联网发展的信息管理新模式，能够广泛地应用在社会文化、大众媒介等社会组织的公共信息传播体系。

随着计算机科学和网络通信技术的不断创新发展，数字图书馆可以从基本信息处理和简单的人机界面，走向知识认知处理和各种机器之间理解能力的发展，使人们能够运用计算机技术开展更广泛的智力活动，并将其应用于通信、传输和存储领域，包括电子商务、远程教育、医疗服务等，充分发挥重要功能和作用。

数字图书馆迅速地引起了世界的广泛关注，并聚集了众多力量，其对各种模式进行了探索、研究和开发。随着数字地球概念、技术和应用的发展，数字图书馆已成为数字地球大家庭的一员，为信息高速公路提供了必要的信息资源，是知识经济社会信息资源的主要载体。

二、关于数字图书馆概念的定义

（一）对数字图书馆概念的不同见解

人们对数字图书馆存在着较多的不解，但是一般认为，其定义难以确定，并且没有共同的规范和界定基础。这是由于数字图书馆应用系统具有明显的跨学科特性，其每一部分都有各自的特点、特定的要求和问题。目前，数字图书馆的定义有一百多种，这里精选部分有代表性的作为参考。

Marchionini 在《数字图书馆的研究与发展》一文中指出，数字图书馆在不同的群体中具有不同的含义。对于工程和计算机群体来讲，数字图书馆就是一种新型的分布式工程数据服务类型。但是对于政治与商业群体来讲，它表示的是世界资源与市场服务。而对于未来派群体来讲，是一种世界大脑的表现形式。

"数字图书馆是一个联合体结构的总称，它提供对多媒体数字格式编码的庞大、不断增长的世界信息网络的智能和物理访问。"

"数字图书馆以知识存储的方式为用户提供了清晰易懂、易于查找和使用的海量、有组织的信息。"

"数字图书馆为用户提供了一种更方便的方式来搜索和存储大量的、有组织的信息和知识。这种信息组织的特点是不知道有关信息的使用细节。当用户进入存储库时，他们可以重新组织并使用它。数字技术的进步增强了这种能力。"

"数字图书馆的内容包括关于数据的元数据，描述数据的所有方面（如具体特征、作者、所有者等），以及其他数据和元数据之间的联系或关系的元数据（无论是内部还是外部的）。"

NSAF 联合基金[①]在 UCLA（加州大学洛杉矶分校）举办的"数字图书馆的社会因素"研讨会指出，数字图书馆是由用户群体组建出来的，能够支持用户群体实现关于信息的需求。数字图书馆只是用户群体中的一个组成部分，个人与团体之间相互作用，才能实现对数据、信息等资源的使用。从这个发展角度来看，数字图书馆作为一种物理场所，使各种信息机构得到了延伸、加强和整合，实现了物理领域信息资源的选择、采用和组织，以满足用户群体的需要。这些信息机构包括图书馆、博物馆、档案馆、学校等。此外，数字图书馆还延伸到其他场景，包括办公室、实验室、家庭等。

中国国家图书馆名誉馆长周和平，在国家数字图书馆十多年发展与建设的实践基础上，指出数字图书馆是现今网络环境与数字环境发展之下的一种新常态，对现代化信息技术进行使用，实现对海量、分布以及异构的数字资源整合，从而形成了有序的整体，在对各种媒体的使用上提供更为友好、高效的服务，人们能够随时随地获取信息。

刘炜在《数字图书馆引论》中曾经做过相关统计，数字图书馆的定义有近百种。有人认为数字图书馆是对各种的信息进行收集、组织以及加工等，并在网络上提供跨库连接的电子存取服务；有人认为数字图书馆是基于信息管理手段组织起来的多媒体数据收藏；有人认为数字图书馆是集计算机化、网络化为一体的图书馆系统；有人认为数字图书馆是在因特网等进行存取的，包含了图书目录的一种数据库；有人认为数字图书馆是将数据资料都使用数字化方式存储，本地与

---

① 由自然科学基金委与中国工程物理研究院共同设立，旨在吸引和调动全国高等院校、科研机构的优秀团队，聚焦国家安全领域核心基础性问题，开展多学科交叉融合前瞻性研究，促进开放和交流，培养高水平国防科技人才，提高国防科技创新能力。

远程的用户在网络环境中即可使用,在复杂与一体化的自动控制系统中为用户提供更为先进、自动化的服务;有人认为数字图书馆能够对信息实现收集、转换与描述,形成存储,基于先进的信息处理技术与计算机网络技术,用户通过智能、有效的搜索方式实现对多媒体远程数字信息服务的知识中心机构的访问;有人认为数字图书馆是图书馆发展史上的一个阶段;有人认为数字图书馆包含了这些要素——个人或单位的图书馆自动化管理系统、本地和远程资源数据库、处理远程请求的数据库服务器,以及负责和处理一系列登录和搜索的系统功能;有人认为数字图书馆包含了对数字信息资源的生产、加工、存储、检索、传递、保护、利用等全过程;有人认为数字图书馆是以信息技术为数据库,以数字化组织为基本方式,通过互联网为用户提供访问服务的信息系统;有人认为数字图书馆是一种新的信息技术,在图书馆与类似机构中进行使用;有人认为它是一种新型的图书馆;也有人认为数字图书馆是数字化的资源库,并不是实体的图书馆。

(二)综合定义

数字图书馆是将计算机技术、通信技术以及微电子技术集为一体,采用数字形式对信息进行储存与处理的。数字图书馆将具有价值的图像、文本以及语音等多媒体信息进行收集并组织加工。不同于传统纸质媒介或者是其他非数字媒介作为载体,数字图书馆使用数字化技术,实现了馆藏文献的数字化,并在国际互联网上,为用户提供随时随地的查询服务,促进用户对各项功能的使用。用户只要在有网络的地方,就能够查询与获取资料,可以说数字图书馆是互联网上的图书馆。

从概念上看,数字图书馆可分为数字化图书馆与数字图书馆系统两部分,并且涉及两种工作内容,将纸质文献信息转换成为电子版的数字文献信息,最终实现对电子版数字文献信息的存储、交换与流通。在国际上,有许多组织为此做出了贡献;在国内,也有非常多的单位积极地参与到数字图书馆的建设中,国务院更是批准成立中国数字图书馆有限责任公司,其使用的标准参照国家标准制定,既能够兼容国际标准,也能够体现中国特色。

数字图书馆是一种新的科学技术,简单来讲就是一种具有多媒体内容的数字化信息资源,可以为用户提供更为方便、快捷的高水平信息服务机制。数字图书馆并不是真正意义上的图书馆,更多是应用在各种公共信息管理与传播的一种社会活动,主要表现为各种新型信息资源组织与信息传播服务。其对图书馆的资源组织模式、计算机网络通信等高新技术进行借鉴使用,将普通存取人类知识作为目标,创造出更多使用知识分类与精准检索的手段,能够实现对信息的有效整序，促使人们获取到更多的信息使用空间，不再受到时间与空间的限制。其服务是将知识概念作为一种引导的方式，促进对文字、图像、声音等数字化信息在互联网基础上进行传输，促进信息资源的共享。用户在联网的电脑终端即可登录数字图书馆网站，在任何时间、地点便捷地使用世界上任何一个"信息空间"的数字化信息资源。

三、数字图书馆的特点

数字图书馆与传统图书馆在基本的文献揭示与信息传递上起到的作用是相同的。从本质上讲，二者都是信息的有序化与增值传递，但是二者在处理对象、工作程序以及表现形态等方面存在着非常大的差异。建设数字图书馆促进了传统图书馆的发展，数字图书馆及其组成部分都被称为图书馆，但是相较于传统图书馆，物理空间特征不再是其特定的标志。

数字图书馆是在科技不断进步的过程中发展起来的，其自身的服务内容与结构多元化的特点，使之形成了"即时生产"型的服务体系。人们在生活、工作与休闲中都需要获取信息，并且想在任何场合中都能学习，提升自身的知识与能力。读者是图书馆服务中的认知主体，数字图书馆使管理员与读者在时空上处于分离状态，读者的学习是灵活、多样的。数字图书馆具有以下特点。

（一）计算机管理高效

使用计算机管理数字化信息资源，可实现对图书馆业务工作的高效管理。

1. 信息储存空间小不易损坏

数字图书馆采用数字形式进行存储，信息以光盘或硬盘形式保存，与传统的存储方式相比占用空间更小。传统图书馆的纸质资料在借阅中难免会磨损，一些珍贵的原始资料，读者很难看到。数字图书馆可以有效解决这一问题。

2. 信息查阅检索方便

数字图书馆配备了计算机检索系统，用户只需输入一些关键字即可进行检索，并且可以得到很多信息。但在传统的图书馆中，用户除了检索，还要在对应的书库寻找图书，非常烦琐。

3. 远程迅速传递信息

图书馆的建设不是无限的。传统的图书馆位置也相对固定，这就需要读者在来馆的路上花费时间。而在数字图书馆，读者只需登录网站，即使身处千里之外，也能在短时间内获取所需信息。

4. 同一信息可多人同时使用

在传统图书馆中，一本书一次只能借阅给一个人，而在数字图书馆，这一限制被打破了。不同的服务器可以同时访问同一本"书"，大大提高了文献的使用效率。

(二) 以数字化信息资源为基础

在数字图书馆的建设中，需要使用光盘存储技术、超文本以及超媒体技术等先进的数字化信息存储技术，建立分布式的文献信息库与超文本检索系统。

信息资源是建设数字图书馆的基础，数字图书馆的建设是在信息资源数字化基础之上的，这是数字图书馆与传统图书馆之间的最大区别。数字图书馆本质是对现代信息技术与网络通信技术进行应用，对各类传统介质文献进行压缩处理，将其转换成为相应的数字信息，使用"0"与"1"组成信息资源细胞，并且将其组建成为无数个的比特（bit）和字节（byte）的信息元素与单元。数字是信息载体，所以数字图书馆的建设离不开数字化。

数字图书馆的建设一方面来自传统的资源数字化，另一方面则是使用网络上或电子刊物的数字化资源，还有各种类型的资源库。中国数字图书馆工程开发的数字化信息资源包括中华民俗、百年敦煌、中国书史、宇宙探秘、海洋百科、千家诗、科普知识、法律法规、WTO（世界贸易组织）专题等。

(三) 以网络化传递为手段

数字图书馆充分使用各种电子通信手段和网络技术，将自身与网上信息中心等连接起来，将信息分散性地提供给各个地区、国家的数据库，从而方便人们查询与使用。

数字图书馆的建立跨越了时间与空间的限制，保障所有能够使用互联网的用户能够在任何时间、地点进入数字图书馆，获取自己需要的信息内容。并且，数字图书馆具有一定的信息传播与发布功能。

与传统图书馆不同的是，数字图书馆从提供文献转变为提供知识。数字图书馆能够将图片、期刊等多种信息载体与信息的来源，在知识单元上进行有机组合并将其连接起来，采用分布式的方法将其提供给用户；自动标引、元数据以及内容检索的互联等知识的发现，与组织技术相结合，成为数字图书馆发展的技术关键。数字图书馆为广大的读者提供"知识水库""学术银行""数据仓库"。信息加工组织知识化、智能化与完备的信息检索系统建立，促使数字图书馆能够一次性为读者提供出某一主题目录、论文以及著作全文等多种信息。总的来讲，数字图书馆能够提供知识化的信息，并且对其加工趋于智能化发展，为读者创造出更为良好的发现新知识的信息环境。

（四）服务特点

1. 从对象来看

数字图书馆面向的是社会全体成员，并没有对读者设置限定条件，而是提供非常多的学习方式与内容，为没有机会到图书馆的人们提供了更多学习的条件。

2. 从公共与否来看

数字图书馆可以是公共的，也可以是非公共的。社会和个人的发展需求得以满足的同时，也促使图书馆的体制、办馆形式等向着多层次、多形式以及多规格的方向发展。

3. 从场地来看

用户只要能够上网，就可以在网络上进行学习。数字图书馆打破了传统图书馆时间和空间的限制，随着网络技术不断发展，数字图书馆的服务范围不断扩大。

4. 从服务目的来看

图书馆的服务目的可以是教学科研，或者是满足非教育需求。

四、数字图书馆开展的特征

数字图书馆开展的主要特征包括以下几个方面。

（一）以信息资源数字化为前提

数字图书馆中所有的信息资源都是数字化的，包括使用数字化技术转化的文献和以数字形式发布的信息。这些数字资源是数字图书馆建设的基础，也是其不同于传统图书馆的一大特征。从类型分布上来看，包含了期刊、工具书等；在数字格式（digital format）方面，位图形式的页面被转换成由SGML（标准通用置标语言）特别编码的文本文件，甚至是CD-ROW（只读光盘）中的信息或局域网中的资源。多媒体资源的数字化处理可以同时实现，这也是其主要的发展特征之一。

数字图书馆可以为读者提供更多的终极信息，如书目数据、索引和文献等二次文献。信息资源的数字化是一个相对较大的社会工程，不是一个图书馆就能完成的，也不是图书馆界能完成的，而是需要社会各方面的共同努力。信息资源的数字化有以下来源。

1. 图书馆馆藏文献资源

例如，英国国家图书馆将馆藏中的照片、期刊以及专利文献等数字化。这场工程名为"存取创新"计划的数字图书馆工程中，一共包含了20个创新实施项目，转换的数字化资源超过1000 GB。又例如，美国国会图书馆等相关机构组成的"数字图书馆联盟"，也在不断地升级美国历史与科技文化成就的数字式资源库与分布式数字图书馆系统。

2. 原生数字资源

除了将已有的文献信息资源数字化外，原生数字信息资源也越来越多，如学位论文、技术报告、会议记录等。而且，如今出版行业已经基本实现了数字技术处理，许多书籍和期刊都有数字版。因此，数字资源正逐渐壮大。

3. 电子出版物

相比纸质出版物，电子出版物的数量在不断增加。随着出版业的现代化发展，不少现代纸质书刊拥有电子文本，这为数字图书馆的发展提供了巨大的数字文献资源。

4. 网上数字资源

世界各地的网站上汇集了大量的数字和多媒体信息资源。人们可以在网上找到上千张上海图书馆的照片，也可以找到国家文物《郁孤台法帖》的全文和注释；还可以欣赏京剧、越剧等，以及历史上的重要讲话。

除上述几个方面外，社会各行业、各系统还有许多自建或合建的数字资源，用户也可以查找并使用。由此可见，信息资源数字化是一项需要不断建设的社会工程。

以信息资源数字化为前提是数字图书馆建设的本质特征，也是数字图书馆建设的基础。利用现代信息技术，实现传统文献信息的数字化处理，是整个文献信息资源数字化的保障。

(二) 以信息传递网络化为手段

在数字化图书馆的运行中，信息传递网络化是一种重要的手段，即基于各种电子通信与计算机网络，能够将不同的文献信息库系统与自身连接起来，为读者提供更多服务。

在信息化资源数字化的基础之上，数字图书馆在网络上建设完成。中国国家级信息基础设施（CNII）正在持续建设中，例如金桥网络信息中速国道建设。通过使用光纤、卫星和无线移动等通信方式，形成一种集成的网络结构。离开信息化建设，无法实现数字化图书馆的建设，更无法实现信息传递的网络化。在中国图书馆领域，信息基础设施建设一直被摆在数字图书馆建设的突出位置。

数字图书馆信息传递网络化给数字图书馆带来了以下这些特征。

1. 跨时空

在数字图书馆中，信息交换打破了时间和空间的限制，解决了传统图书馆在运作中存在的服务时空局限性问题。

2. 开放性

网络信息传输使成千上万的读者无限制地进入数字图书馆。传统的墙式图书馆开始虚拟化，原本相对封闭的图书馆向公众敞开书库的大门，读者可以随意阅读。随着网络技术的发展，信息特权不复存在。数字图书馆已成为一个人人都可以轻松使用的文化信息服务单位。

3. 标准化、规范化

在线资源是人们获取信息的重要来源。这种信息的传递和交换只有在标准化、规范化的前提下才能快速进行，这对传统的国际机读编目格式（UNIMARC）提出了巨大的挑战。为了适应网络电子资源标准化和规范化的发展，元数据技术应运而生。都柏林核心集（Dublin Core）可以反映元数据，是由美国生产的。

（三）以信息资源共享化为目的

数字图书馆的主要目的就是实现数字共享化，但是建设数字图书馆并不是一个或者几个图书馆之间的事情，而是涉及了整个的文献信息领域。

在建设数字图书馆的过程中，人们实现了信息资源的数字化和网络化传输，同时提出了利用信息共享。传统图书馆建设在理论和实践上也提出了资源共建共享，但数字图书馆信息共享的广度和深度是传统图书馆无法比拟的。在数字化、网络化发展的基础上，数字图书馆信息共享呈现出资源跨区域、跨行业和服务无限的特点，体现了跨区域、跨国界的资源共享建设的合作性和便捷性。随着信息传输网络的发展，越来越多的图书馆可以利用网络获取更多的数字资源，以满足读者日益增长的知识和信息需求。在数字图书馆建设时代，图书馆联盟共建共享模式也在不断发展，打破了原有的信息壁垒和围墙。从而在信息共知、共网的基础之上，促使信息共建、共享的建设步伐不断加快。

（四）以网络服务为基础

数字图书馆的基础是高速数字通信网络。其内部和外部的业务组织都基于网络。网络是数字图书馆发展的生命线。在网络发展基础上运行的数字图书馆只能通过网络来提供服务，这是传统图书馆与数字图书馆的区别。如果没有网络，就没有数字图书馆。当网络中断时，数字图书馆的服务将暂停。因此，保护网络稳定是维持数字图书馆运行的关键。

在网络性能的测量中，能够很好地承载多媒体信息带宽的带宽以 Gbps（1000 Mbps）为单位，通常称为千兆网络或宽带网络。随着网络技术的飞速发展，网络技术所支持的带宽已扩展到 Tbps（1000 Gbps）。

五、数字图书馆的类型

近几年各国数字图书馆的研究开发高潮迭起，有关项目、课题有数百个之多。数字图书馆领域的研究开发是体现数字图书馆理念的最好实例：充分利用互联网的便利性，开放信息，依靠技术提高可用性。这一领域的绝大多数研究资料都可以通过互联网直接获得，包括许多会议论文（如电气与电子工程师协会早期数字图书馆会议的全文），其中一些可能需要付费，如此纷繁复杂的局面有时很难让人看清楚目前数字图书馆领域到底在做些什么，哪些与自己正在从事的工作有关，是否可供借鉴或参考。不加分析地罗列，或是对每个项目进行逐个介绍是毫无意义的，不仅是初入门者，就连资深的图书馆馆员和计算机网络专家也常常不得要领。笔者希望尽可能厘清数字图书馆的发展脉络，尽可能从多个方面对各个项目进行详细分析。对目前数字图书馆研究课题和开发项目进行一个大致分类，有助于认识目前数字图书馆领域所发生的事情。

（一）按数字图书馆的实现形态划分

根据实现形态进行分类，数字图书馆可划分为技术主导型、资源主导型以及服务主导型。

1. 技术主导型数字图书馆

技术主导型数字图书馆的建设重点偏向于开展数字化资源采集过程中的软件与系统开发，促使数字图书馆不断地适应信息环境变化。在网络环境的发展之下，信息资源有着比较强的流动性与可变性，实现对信息资源流失的控制，也是保障其正常运行的必要条件。技术主导型数字图书馆在对各种控制软件与信息分析系统的研究开发中，为数字图书馆的发展起到了推动作用。数字图书馆以信息技术为支撑，高效地将自有功能发挥出来，信息技术为数字图书馆的发展提供了坚实的基础条件。

2. 资源主导型数字图书馆

资源主导型的数字图书馆主要是将信息资源采集作为主要内容，信息资源最大的特点就是权威性与完善性，将数字图书馆中的信息资源最大限度提供给读者，并且适当优化，是现今资源主导型图书馆建设的研究方向。我国的文献保障体系在建设信息资源共享化时，对整体进行了规划，对资源合理配置，并建立起重点的学科专题库、特色数据库以及导航库，有效地实现了信息资源的共建、共知以及共享，并且提升高等教育与科研的文献保障水平。在国外的发展中，以美国数字图书馆为例，其主要研究的是促进全球分布式网络资源的开发与利用，重视对研究成果的应用转化。项目对资源展开全面布局，涉及的学科范围广泛，其中包含了生物、经济、语言、历史、数学等，促使数字图书馆信息资源能够扩展到各个领域中。

3. 服务主导型数字图书馆

服务主导型数字图书馆是将数字图书馆中收藏并提供的信息资源服务作为重点，同时兼顾新型数字化信息资源的可获取性与可用性研究，以及长期储存与保护信息资源的方法。我国现今各大高校的数字图书馆都是建设在服务主导型的数字图书馆模式基础之上的，实现对信息资源的统一配置与上传，促进校内数字化信息共享，为学校学生的学习与研究开展提供了坚实的知识保障体系。乌克兰大学建立的就是服务主导型的数字图书馆，使用对用户需求分类的方法，实现对资源的整理与研究等。

需要注意的是，上述三类区分并不是绝对的，它们之间有相互交叉、影响或难以区分的情况。例如一些数字图书馆 2.0 项目已经建立起初具规模的资源库，持续为用户提供服务；美国国家数字图书馆计划也采用了许多新开发的技术（如统一资源命名技术）；大英图书馆的数字化计划是笔者见到的传统图书馆中最富挑战性的，这主要得益于英国图书馆界对数字图书馆技术的一贯重视，当然它的立足点始终不移地放在更好地为读者服务上。

（二）《数字图书馆论坛》的划分

《数字图书馆论坛》是数字图书馆领域的权威期刊，它将数字图书馆分为五种基本类型。它们各具特色，相互借鉴，相互补充，促进了数字图书馆的多模式发展。

1. 基本组织型

基本组织型是以中国国家图书馆、美国国会图书馆等传统图书馆为主体的复合型图书馆。基本组织型数字图书馆将物理资源与数字资源有机结合，为社会创造一个公益性的信息服务环境。

2. 区域建设型

区域建设型是以区域或部门资源共享为目标，集技术、人才、管理于一体的协同发展形式，如区域门户网站、机构知识库等，涉及教育科研、政府、协会等对象。

3. 内容集成型

内容集成型是大规模收集、整合、深入开发原创文献和知识元数据等对象的产业化信息资源整合项目，如中国知识基础设施工程、万方数据资源系统、超星数字图书馆等。

4. 出版发行型

出版发行型是指由出版内容提供者向信息服务提供者转变的专业出版企业实施的一种资源体系，如《科学导报》、斯普林格出版集团的 Springer Link（斯普林格链接）和《商务印书馆精品工具书数据库》。

5. 搜索平台型

基于互联网搜索引擎公司的发展，搜索平台提供更高效、更多样化的信息搜索服务。例如，学者搜索引擎是基于百度的搜索引擎，以方便用户使用。在传统图书馆的发展过程中，新的出版商、软件公司和数据公司必须加入合作和竞争中来，共同建设"数字图书馆"。而"数字图书馆"是在传统图书馆基础上发展起来的一个基于知识处理和机器理解的分布式信息系统，已经成了一项前沿科学发展技术和一项崭新的社会发展事业，有一个非常完整的知识定位系统，也是一种多媒体制作的信息管理模式。作为一种高层次的信息服务机制，它能够促进人们智力活动的拓展，带动社会创新水平发展，并能在知识的生产、组织、传播等领域发挥重要作用。

六、数字图书馆的功能

（一）数字图书馆的基本功能

数字图书馆是一个开放式的硬件与软件集合平台，将技术与产品集合在一起，能够将现有的各种文献资料数字化，在网上为读者提供服务。

从理论上讲，数字图书馆引入了一种物理信息对象的管理和应用方法，有以下六项功能：各种载体数字化；数据存储和管理；组织有效的数据访问和查询；

数字化资料的传送和内容发布；系统管理和版权保护；系统集成。这些功能既是数字图书馆的基本功能，也是其应用的关键技术。这些技术部分由硬件决定，部分由方案决定。

1. 各种载体的数字化

中国是有着 5000 多年历史文明发展的国家，有许多文化遗产需要保护，更有许多珍本和善本亟待数字化。使用扫描仪进行数字化处理时，需要利用数码相机技术来实现对彩色图像的高分辨率采集。对于一些录音、录像、胶片等，可以利用各公司提供的产品进行数字化处理。总之，利用数字信息技术可以编写、识别、压缩和改造各厂家的成熟产品。

2. 数据的存储和管理

数字图书馆建设需要采用客户、服务区模式，信息传递的核心组织由客户机、图书馆服务器和对象服务器组成。图书馆服务器主要管理数据编目、索引和查询，对象服务器管理数字对象（各种载体的原始文档）。当对象数据直接到达用户时，可以实现图书馆对象数据的传输。数字对象是文本、图像、音频和动态视频信息，可以存储在对象服务器的硬盘上。一般情况下，数据使用频率越高，采用在线查询的方法，即在线使用越大量的数字对象越可以有效地节省存储成本。采用近在线技术，即近线技术，可以实现自动存取（自动存储塔）或自动磁带塔（由一个机械手操作的一组磁带，每个磁带目前可存储 12~24 GB 的数据容量）。新兴的互联网数据中心采用存储局域网（SAN）、网络附加存储（NAS）或集群存储，适合大容量存储。总之，数字图书馆的核心就是利用电子技术来存储和管理大量的数字信息。

3. 组织有效的访问和查询

更有效的文本数据库查询技术和多媒体资料查询策略也是数字图书馆的重要技术。搜索和访问技术从文本扩展到多媒体文件。分类功能、内容搜索和指导工具可用于多媒体数据。使用自然语言的自由文本搜索支持多种语言，查询工具使用户的查询更加优化。图像查询可以根据颜色、形状、纹理和位置查询图像内容。

4. 数字化资料的传送和内容发布

多媒体网络为数字图书馆创造出良好的资料传输环境。非对称数字用户环路（ADSL）成为多媒体通信接入网络的基本。信息发布技术所涉及的网络协议，能够对信息在不同网络与计算机之间的传输及互操作性进行处理；也涉及为用户提供友好界面、跨语种信息存取以及信息导航与浏览等多个方面，现今还处在研究与发展中。

5. 系统管理和版权保护

数字图书馆的体系结构是一个开放的环境，数字图书馆的安全性至关重要。它不仅具有计算机的各种权限管理功能，而且具有通用的网络管理功能。最重要的是使用适当的技术来保护版权所有者的资源不被盗用。为实现此目的，数字图书馆采用了数字图像技术、加密技术、数据检测、计费等。

6. 系统集成

数字图书馆是各项技术的系统集成，且各项技术之间应有很好的接口。只有这样，才能以一系列极为广泛和完整的技术为使用者提供完备的解决方案。

(二) 数字图书馆的社会功能

数字图书馆的社会功能是数字图书馆与外部环境相互作用的产物，是其基本功能的社会表现。从系统论的角度看，数字图书馆的社会功能只有在与环境互动时才能发挥作用。数字图书馆的社会功能必须适应环境的变化，环境的变化会影响其功能。数字图书馆是传统图书馆的创新和发展，是传统图书馆自动化发展的更高阶段。

数字图书馆是信息环境下的新生事物，是人类接近资源共享理想状态的一种手段。随着数字图书馆功能研究和开发的不断深入，数字图书馆将给人类带来更大的利益。

1. 为个人以及社会的发展提供动力

国际图书馆协会联合会（简称国际图联）在韩国首尔举行了以"图书馆：知识和信息社会的发动机"为主题的国际图联大会及理事会。随着传统图书馆的进一步发展，数字图书馆为个人以及社会的发展提供了动力。一方面，数字图书馆已成为人们学习和实现终身教育的平台，在创建学习型社会中发挥着重要作用。人们必须具备一定的利用技术挖掘信息的能力，在面对海量数据的情况下，能够有效区分有效数据信息和无效数据信息，并具备一定的知识创新能力。数字图书馆打破了时间和空间的限制，以更灵活的方式满足读者个性化的学习需求。学习型社会指能够在任何时间、任何领域、任何过程中进行教育和学习活动的社会。这是一个人人在学习，并且一直在学习的社会。从学习形式上讲，学习型社会是全民学习的社会，是终身学习的社会，也是共生互动的学习型社会。从满足个人学习需求到形成一种社会形态，数字图书馆的作用是不可替代的。

另一方面，数字图书馆可以促进社会的进步和发展。信息社会的发展以信息技术为基础，信息社会是实现知识社会的手段，信息社会世界峰会提出了建设一个以人为本、具有包容性和面向发展的信息社会的目标。在这样一个社会中，人人可以创造、获取、使用并分享信息和知识。知识的创造、保存、传播和利用是知识社会的基础。数字图书馆的数字化技术为知识的存储提供了巨大的空间，打破了知识传播的时空限制。人们可以更有效地利用知识，发掘有利于社会发展进步的新知识。

2. 有助于消除信息鸿沟，实现信息公平以及不同区域的均等化发展

技术发展取得了巨大的进步，促进了知识和信息迅速传播。同时，也造成了知识鸿沟或数字鸿沟现象。一极可以迅速获得知识、财富和包容；而另一极，获得知识的机会有限。在信息时代，贫富差距和经济发展差距的一大表现就是数字鸿沟。数字图书馆的建设是为了促进信息公平和社会化发展，而信息共享也是数字图书馆重要的特征。数字图书馆以用户为中心，使社会各阶层、各群体、各年龄段的社会成员可以根据自身的需要享受图书馆的服务。数字图书馆对各种分散的信息进行处理，使之形成有序、分类、有条理的信息资源，不断满足不同用户的实际需求，网络信息传播方式使不同地区的人们能够打破时间和空间的限制，公平、公正地获取相关信息。

数字鸿沟和信息不平等将导致贫富差距、阶级差距和国家与地区之间的差距，阻碍经济发展。例如，为了能够实现城乡一体化发展，我国启动了全国文化信息资源共享工程、社区和乡镇综合文化站工程、送书下乡和"农家书屋"等工程。建立起一个能够同时覆盖到省、市、县、乡级的图书馆，科研、文化以及经济等多个领域在内的数字图书馆，可以促使城市与农村居民获取相同信息，促进城乡在社会、文化、经济等多方面协调发展。

3. 搭建网络信息资源共享的平台

数字图书馆的建设不受时间和地点的限制。它可以通过连接访问世界各地的互联网信息资源，整合分散的信息资源。用户只需要连接互联网，就可以实现资源检索，而且检索速度非常快。随着网络信息资源的传播，数字图书馆可以超越时空概念，跨越馆藏信息的地域限制。用户可以随时随地从网上公共信息中获取开放式数字图书馆的信息。这大大缩短了信息传递的时间，缩短了信息提供者与用户之间的距离，促进了信息交换和反馈的速度，也提高了资源信息的利用率。数字图书馆把各国家、地区的信息服务中心和分散的信息数据库系统连接起来，供大家使用，并提供相应的增值服务，促进实现真正的信息共享。

4. 开展网络导航，净化网络信息资源环境

形式多样而且大多没有经过处理和整理的网络信息资源，会给用户带来困惑。数字图书馆的重要工作之一是信息组织和整理，将大量随机、分散、不必要的网络信息在网络中传递，使之成为规范、集中、有序的信息。网络资源评价是对网络信息进行甄别，提炼精华，为用户提供有价值的资源信息。只有对网络信息进行整理，去伪存真，梳理出用户需要的信息，才能节省更多的网络搜索时间，有效提高网络信息资源的利用效率。

5. 开发智力资源，利用网络资源进行教育

开发智力资源，利用网络资源进行教育也是图书馆的重要作用之一，数字图书馆需要具备这一功能。开发智力资源主要包括三层含义：一是对图书馆文献资源的开发；二是对网络信息资源的开发；三是激发用户的智力，培养用户的科学思维能力。随着网络的发展，用户使用信息的方式和态度发生了变化，也产生了新的要求。把文献信息的收集、整理和保存作为图书馆的最终目的，可以为读者提供更好的服务。读者是连接网络资源的重要桥梁，数字图书馆本身应该发挥教育者的作用，介绍网络信息的概况、相关法律法规、数据库类型和检索方法等，帮助读者搜索网络信息资源，引导读者检索和使用网络信息，并为他们提供相应的学习条件，使他们能够熟练地在网络上获得所需的资源。

6. 开展社会教育

开展社会教育时，数字图书馆相比较传统图书馆最大的不同就是传递手段的数字化、网络化。现今社会上流行网上教学、远程教育。从横向上看，数字图书馆存储的信息知识包含了所有的学科专业；从纵向发展来看，其包含了不同深度的内容。因此，数字图书馆不受时间和空间的限制，能够满足不同专业、不同职业、不同学历的用户的实际需求，是线下教育机构无法比拟的。只要与数字图书馆的网络连接起来，世界每个角落的每个人都能享受到同样的教育机会。因此，数字图书馆真正成为一所"没有围墙的大学"。数字图书馆不仅是一个社会教育机构，也是学校教育的重要组成部分，是终身学习的理想课堂。

7. 提供文化休闲服务

兴趣是人们使用图书馆的一个非常重要的内部动力。在数字图书馆中，人们可以获得大量的信息知识，从而满足个人的兴趣需求。文艺知识能使人获得审美效果和文化精神享受。用户还可以利用数字图书馆听音乐、看电影，获得精神上的愉悦。

8. 通信功能与宣传功能

网络连接使得用户不再受时空的限制，而是可以通过网络以 E-mail（电子邮件）、传真、BBS（网络论坛）等方式，方便快捷地与他人沟通交流。数字图书馆也是一种媒体，可以向用户宣传一些时事、政策、法律法规、社会道德规范等，并且宣传一些企业、地方文化特色等。

9. 保存人类信息资源

对人类文化遗产进行保护是传统图书馆最根本的社会功能，但是数字图书馆所具有的社会功能是保存人类的信息资源。人类的文化进化需要使用到有脑载体、事物载体以及文献载体。图书馆中广泛、完整地保存着人类文化进化的文献载体，而数字图书馆保存的文献载体已是数字化的信息资源。对于保持实物载体这一功能，数字图书馆将让位于博物馆、纪念馆、档案馆等机构。

第二节　网格技术的发展对数字图书馆的影响与挑战

一、网格技术的特点及意义

网格（Grid）是近些年兴起的一种前沿信息技术，也是互联网技术发展的一种新趋势。其思想主要来源于电力网格，就是将计算能力与信息资源通过网格的形式更加方便地传递到用户中去。网格将高性能计算机、数据资源以及因特网三种技术进行有机结合与发展，将各地分布的计算机连接在一起，促进资源共享。网格是一个统一的、开放的、标准的计算环境信息基础设施。它支持地理上分布广泛的高性能计算资源、大容量数据和信息资源存储的聚合，解决了各种资源协同工作的体系结构难题。

网格的根本特征是资源共享。将整个网络整合成为一个巨大的超级虚拟计算机，可促进资源全面共享。现今网上的资源在各地分散，想要实现资源共享是非常困难的，并且有效的使用率比较低。网格的使用可以促进互联网上所有资源的连通，包含软硬件资源、计算资源、存储资源、通信资源、信息资源等，用户基于网格系统可进行使用。

二、网格技术在数字图书馆建设中的应用

数字图书馆是一种集成了各种高新技术的数字信息资源系统。它可以将分散

在不同载体、不同地域的数字信息资源以网络方式连接起来，促进资源共享。数字图书馆通过数字技术对信息资源进行组织和管理，实现海量信息存储。用户在使用互联网的过程中可以更加高效、方便进行查询和检索。数字图书馆具有信息资源数字化、信息组织非线性、结构复杂、服务方式多样化等特点。网格是高性能计算机、数据源和互联网技术的有机结合，具有高性能、集成化、知识生产、资源共享等优势，可以为数字图书馆建设提供良好的发展条件。

(一) 网格为数字图书馆构造统一的平台

网格技术具有独特的优势，并且可以降低构建网站和提供网络服务的成本。网格中的许多平台和资源之间都是共享的，分布在各地的计算机、数据、信息、知识等连接起来，从而构成一个逻辑的整体，在构成的基础上展开各自应用网格的运行，进而为数字图书馆提供一体化的信息服务基础设施。随着信息网格的增长，资源将得到统一管理和使用，用户可以通过透明的网格操作系统使用整个网络资源。网格利用现有的网络基础架构为用户提供了一个统一、智能的信息平台，以构建下一代互联网信息平台和软件基础架构。在这个发展平台上，信息处理采用分散、协作、智能，用户可以使用单一的访问点访问所有的信息，不需要到特定的网站上寻找信息资源。

(二) 网格有利于数字图书馆的信息集成

数字图书馆的建设是一项非常庞大的信息化工程，涉及的方面比较多，只有开展协同工作，才能保证其正常运行。网格可以将分布在不同地理位置的资源集成在高速互联网上，从而提供高性能的计算、管理和服务资源能力。在分布式异构环境中，利用网络技术对所需数据集进行精确定位，为后续处理提供支持。人们使用网络资源就像使用电力一样，不需要考虑资源的来源负荷。网格计算可以高效地将远程资源组织在一起，从而形成一台虚拟计算机，具有超强的能力。当前网格技术的发展已经成为连接和统一各种远程异构资源的重要途径。

(三) 网格有利于实现数字图书馆的资源共享

使用网格将整个因特网整合到一个庞大的超级计算机中，可以全面连接所有资源并全面共享多种资源，包括计算机资源、存储资源、数据资源和信息资源。网格提供集成的系统映像，并提供透明度、可靠性和负载平衡等功能。网格还支持对异构数据资源的访问，并为用户提供了使用适当的访问协议可满足数据访问请求的集成界面。与当今的计算机网络不同，网格侧重于提供应用程序级连接，消除消息孤岛，并促进智能共享信息资源。网络技术的不断进步和应用，提高了数字图书馆的资源利用效率。

(四) 网格有利于数字图书馆的海量数据处理

数字图书馆需要处理的数据量很大，使用网格可以解决海量存储引起的计算处理和分析问题。网格可以将不同区域的计算机连接在一起。用户只需在客户端发布计算指令即可。网格分配并执行用户的指令，再将每台计算机中的所有运行结果反馈给用户。连接的计算机越大，计算能力越高。此外，使用网格的用户可以在短时间内从不同的数据库中查找和合成所需的数据，从而节省用户访问多个数据库的麻烦。直接调用网格算法和程序等资源，有效避免了多次重复工作。网格可以智能分配计算资源，优化现有计算资源，解决数字图书馆设计和利用中存在的问题，用极短的时间和极低的成本来解决相关的应用问题。网格与数字图书馆技术相结合，为分布式异构环境下实现信息资源的发现和知识发现提供技术支持。

(五) 网格有利于数字图书馆进行知识管理

网格的知识生产特征是网格与互联网质的区别，因为互联网本身不会产生知识，人们在信息知识以其他方式产生后就在网上使用它。但是利用网络可以根据用户的需求自动生产知识。在知识生产过程中，高性能计算机起着关键作用：在信息和知识的执行过程中处理从数据源获得的原始数据。网格可以自动找到相关的数据源，发现知识并进行全面分析，从而形成新的认识。可以得出，网格的发展有利于数字图书馆的知识管理，随着当前网络技术的不断发展，数字图书馆相应的功能和作用也得到了充分增强。当进行客户端查询请求或处理时，数字图书馆将自动对网格进行处理和分析，并将相关查询结果发送给客户端登录节点，有效提高数字图书馆的服务水平。

三、数字图书馆对传统图书馆的挑战

数字图书馆的建设有着信息资源数字化、信息传递网络化、信息利用共享化、信息提供知识化以及信息实体虚拟化这五大特点，为图书馆的发展提供了更多的空间与机遇，但是同样带来了挑战。在数字图书馆发展的背景之下，传统图书馆面临着一系列的调整、改组以及重建，并且需要在图书管理、人才队伍建设、业务机构重组等方面展开一系列的革新。

(一) 数字图书馆与传统图书馆的区别

数字图书馆在传统图书馆基础之上转变而来，所以与传统图书馆在功能、结构、运作方式以及服务方式等方面存在着差异，主要表现在以下几个方面。

1. 馆藏结构不同

传统图书馆主要以纸为载体，并存在其他载体，其复本概率和拒借率等均未消失。数字图书馆以所有的电子出版物和因特网上的数字信息为对象，其存储介质不仅限于印刷体，还有声音、图像等多种介质，其蓄积的载体有磁盘等各种数字化、电子化装置。通过利用多媒体、超文本、超媒体等技术，数字图书馆提供更智能的信息检索手段，利用网络化信息资源为读者提供各种生动、形象、具体的信息，不存在复本、拒借等现象。

2. 服务方式不同

传统图书馆都是以自身为中心被动地为读者提供服务，往往会受到时间和场所的限制，只能在固定的场所和时间内为读者提供服务。数字图书馆的服务则是开放的，它是一个分布式的图书馆集群。数字图书馆可以形成大量分布在不同地区和国家的图书馆或信息资源单位，按照统一的标准有效地存储、管理，为读者提供不同类型的信息。数字图书馆以用户为中心，用户可以利用网络终端查询信息资源，也可以在使用网络时访问家中或办公室的资源信息，更可以足不出户地查阅多种数字图书馆内的信息资源，不受时间和地点限制。

3. 工作重心不同

传统图书馆的核心工作是采购编目后使图书资料可以流通，被读者借阅；数字图书馆以实现信息收集分析、参考咨询和网络导航为中心，使馆员真正成为信息导航员。数字图书馆可以实现异构数据库、服务和工作站之间的相互操作，并能从深层次语义上探索互操作性。使用数字图书馆相关软件，可以从相似的数据对象和服务中获得一致的检索内容。

4. 文献信息载体的寿命不同

纸张是传统图书馆的重要载体，中国一直以来都有着"纸千寿"的说法，只要妥善保管，纸张就能够保存上百年；而电子载体的保存条件比较苛刻，数字化信息容易受到各种病毒等因素影响，导致数据可能存在丢失或损毁的风险，此外，当图书馆的经费不能继续支撑续订网络数据库时，原有网络资源则不复存在，因为只是购买了一段时间的使用许可权。

5. 图书馆管理员工作的任务不同

传统的图书馆管理员主要是对文献信息进行收集、整理以及保存，在社会中扮演传播者的角色；然而，在数字图书馆发展的时代，管理员不仅是一个被动的信息资源管理者，更是信息的收集者和传播者，是文献信息利用的导航者。管理员能够在网络的使用基础上，随时发布与传播各种文献资源信息，对读者起到一种"引导"的作用，并向读者提供具有兼容性的多媒体远程数字服务信息。

6. 图书馆发展经费的两极分化

传统的图书馆发展速度比较慢，建设完成之后经费花费较多；但是建设数字图书馆的投入更高，其有着高资金投入、高技术设备、高消耗的特点，信息资源的共建共享也是需要高投入的。

7. 评价图书馆的指标不同

通常对传统图书馆进行评价的衡量标准之一是藏书量，例如，评价一个高校图书馆，需要了解师生人均有多少册书，每年能购买多少册书，或者馆藏有哪些大部头图书等。传统图书馆的特点是重投入和规模，轻生产和效益。投入和规模等指标，例如，书刊购置费、设备购置费、馆舍、馆藏以及人员等都是量化的，而产出和效益指标，例如，服务的质量和数量、整体的效益和效率、人均效益和效率等往往缺少量化指标，比较模糊，难以对其进行评价。现代化图书馆是以本馆和读者群所能够利用的文献量、信息量以及利用这些文献信息所产出的产品的数量、质量和效益作为评价指标。它的特点是重产出和效益，投入和规模的权值有所降低，被利用的文献量，信息量以及产出产品的数量、质量、经济效益等都是可以进行量化的，对其进行评价比较简单、易于操作。

（二）传统图书馆向数字图书馆转型期面临的挑战

1. 数字图书馆建筑面临的挑战

在数字图书馆的建立过程中，图书馆的新老建筑，都面临着适应网络管理与网络服务的问题。

（1）网络建设和网络布线

上海图书馆在新馆开设前一年，已经将网络建设与网络布线纳入了建筑设计计划中。上海图书馆中新计算管理系统的网络结构主要是以ATM（异步传输模式）为主干网，并以太网、令牌网等作为分支网的网络结构，使用光缆连接到上海科技网、上海邮电网以及中国教育科研网，并将其与因特网相连。与此同时，广东中山图书馆、辽宁省图书馆、浙江省图书馆、南京图书馆、天津图书馆、福建省图书馆等多个图书馆先后进行了网络建设。即使是中国中西部地区的甘肃省图书馆、广西桂林图书馆在资金十分缺乏的情况下，也进行了初步的网络建设。

(2) 空间布局

许多图书馆在自身数据库建设方面取得了很大进展，特别是书目数据库和机读目录的开发和生产。因此，新的问题随即产生，即如何在原有的几乎都使用传统的人工检索目录的图书馆中实现重组？也就是说，图书馆要想告别成排的卡片目录柜，目录馆应该做哪些调整？同时，这带来了类似的问题：在数字数据库已经实现电子化发展的情况下，新的图书馆大楼中是否有必要设计大空间的编目厅，如果有，该厅应该具有什么功能？

(3) 布局和设备

在数字图书馆建设的环境下，计算机多媒体演示已成为图书馆空间发展中的一个难题，如贵宾接待室、会议厅、报告厅、多功能厅等。有条件的图书馆，可以建设可进行计算机网络大屏幕演示的建筑物，设计并配备相应的设备。此外，需要考虑网络布线、计算机、现代通信设施和电源插座等。

2. 图书馆业务机构设置面临的挑战

图书馆业务机构是几十年一贯制，各个馆内大同小异，如采编部、典藏部、阅览流通部、参考咨询部，一些图书馆设有历史文献部和现代技术部。这些部门很难完全适应现今社会发展下数字图书馆业务拓展和内部管理，尤其是在面对日益增长的读者信息需求情况，图书馆需要就业务机构展开一定程度重组与调整。

随着网络建设的进行，在网络管理工作中，有交换机、服务器、阵列盘、叠加集线器和子网等设备。像这样庞大的网络系统需要一个专门的部门负责管理并对全馆的系统网络进行维护和应用开发。上海图书馆就根据网络管理新的发展需求，专门成立了系统网络中心的业务机构。

随着因特网技术的不断发展和普及，网上信息多如牛毛。在如此之多的信息中，不乏领导机构所需要的决策咨询信息。有的图书馆便因此而相应成立了"战略信息中心"，这体现出了信息时代对于决策咨询的快速、准确、全面、简洁、分析、翻译需求。

为了将信息资源逐步数字化，中国国家图书馆成立了数据中心，新建的首都图书馆开设了古籍数字化生产车间，上海图书馆开设了数字生产工厂，广东中山图书馆在多年大力开发建设文献资源数据库的基础上，也新近成立了网络资讯部，计划大规模地开展馆藏资源数字化建设。

3. 图书馆服务内容面临的挑战

在数字图书馆建设的大背景下，图书馆的业务内容在发生变化，原有的内容在不断调整，或逐渐被淘汰，或焕然一新；新的业务增长点不断涌现，业务范围也不断扩大，共享与合作必然也不断扩大。

(1) 文献采访

从图书馆文献采访的角度来看，在传统手工采访的基础上出现了网上采访。网上书店不断增加，电子图书期刊数量增加，电子商务与因特网的发展速度也是非常快的，根据相关专家预测，网络采访也可能成为图书馆文献采访的发展方向。

(2) 文献编目

在图书馆编目工作中，元数据（Metadata）作为网络资源的描述方法应运而生，并逐渐被越来越多的图书馆和馆员所接受。DC有着非常特色的设计元素。例如，其内在的本质原则、易扩展原则、无必须项原则等，这些促使DC元数据具有准确、富有弹性、规模小等特点。基于此基础，人们根据文献自身的特点，不断地对文献的著录格式进行补充，DC元数据作为数据本身以及变化的描述，被简称为数据之数据，成为有关信息的信息，有可能成为未来数字图书馆网上信息编目工作开展所使用的标准化与规范化著录格式。

(3) 文献阅览

就图书馆阅读而言，许多图书馆都开设了"电子阅览室"或"光盘阅览室"，它们是在信息技术不发达、电子出版物数量较少的情况下产生的。随着信息技术的发展和电子出版物的增多，电子出版物已进入各种阅览室。如珍本阅览室中的古籍珍本全文光盘，报纸阅览室中的人民日报全文数据库全文光盘，工具书阅览室中的中国百科全书全文光盘，这不仅符合读者的阅读习惯，也符合信息服务的发展趋势。在数字图书馆发展的时代，"电子阅览室"看似是一项先进的技术，但实际上其服务内容和形式相对滞后，会逐步被设施先进的图书馆淘汰。

(4) 参考咨询

对于图书馆咨询来说，传统的剪报咨询仍有一定的市场，但网络参考咨询服务也有很大的发展空间，而且这种趋势越来越明显。例如，在上海图书馆与新加坡国家图书馆的相关合作中，上海图书馆家谱收藏的独特优势与新加坡的信息网络和营销优势相结合，为世界各地的读者提供寻根、家谱、人物等方面的信息咨询。网络参考咨询服务是在适应网络技术的环境下应运而生的新业务。

中国国际广播电台（CRI）是中国广播电视台的互联网连接中心，拥有多种语言的视频新闻资源，是我国数字图书馆资源建设的重要组成部分。由此可见，在网络发展环境下，图书馆资源建设打破了以往图书馆资源建设的局限性，网络时代的发展为各类图书馆的发展提供了新的机遇和舞台。哪个图书馆能抓住这一机遇,就有机会成为行业的领头羊;相反,则可能会成为配角或被开除"网籍",失去其原有的行业地位。

4. 图书馆服务方式面临的挑战

在数字图书馆的建设环境下,图书馆的服务方式面临着时间、空间以及手段等方面的挑战。

(1) 服务时间

之前有读者意见反映图书馆的开放时间相对较短,希望开放时间延长。而现在很多图书馆实行全年开放的服务模式,有的图书馆取消了午休时间,很多高校图书馆可以开到晚上 10 点,但仍然不能满足读者的需求。用户的信息需求量也在不断增加,所以传统的图书馆服务已经不能满足用户的需求,在网络技术的支撑下,一些图书馆可以为用户提供 24 小时的服务。用户可以根据自己的习惯和安排,选择自己使用网络资源的时间,且不受图书馆实际开放时间的限制。但是,部分图书馆的在线信息资源还比较少,不能满足全天候用户的需求,这导致广大用户仍然需要在图书馆获得更多的信息资源。但其对于数字图书馆的满意度也在上升。这种发展将导致信息技术和图书馆管理服务观念的转变。

(2) 服务空间

从图书馆的服务空间来讲,传统图书馆为读者带来不便的是空间距离的障碍。随着图书馆网络技术的发展,读者能够实现跨区、跨国界图书馆互借,相比以前更为方便和迅捷。这种服务空间障碍的跨越,促使世界图书馆形成一种资源共享的大系统,并且在未来的发展中,这种系统会逐渐成为地球村的"图书馆院"。

(3) 服务手段

过去,图书馆馆员往往是手动操作,较为缓慢。读者数量集中时,手工查卡、复印、借还、运输这些流程,会造成长期排队,馆员自身的劳动强度也比较大。以计算机为代表的现代信息技术的出现,促进了图书馆服务模式重构。例如,计算机编目取代了传统的手工编目,提高了图书馆编目的效率。与以往的人工检索方式相比,公共机读目录检索系统更方便、快捷、完整、准确。读者在使用电脑借还系统可以在几秒钟内完成操作。一旦大型图书馆系统具有很强的计算机支持,便能够在短时间内实现数百万册图书的存取;能够实现有限时间的服务承诺,实现文明化、标准化服务。计算机信息管理系统的使用在很大程度上促进了图书馆的服务手段升级,逐步取代了传统的人工操作。

5. 图书馆人员面临的挑战

数字图书馆建设背景下，只有对图书馆人员进行重建才能适应发展变化，具体可以从三个层面开展：一是图书馆管理层，二是管理员，三是新成员。

如今是信息管理与知识管理的时代，图书馆人员不仅需要掌握相关的知识与规律，还要掌握国内外图书馆信息产业的最新进展和发展趋势，理解和掌握信息技术的基本知识，对图书馆的网络拓扑图有清晰认识。图书馆管理者必须具备以下五种知识结构：一是领导管理知识；二是图书情报学知识；三是信息技术知识，包括数字图书馆知识；四是文化和法律知识；五是市场会计知识。

6. 图书馆管理理念面临的挑战

数字图书馆的建设对图书馆的管理理念产生了很大的影响。长久以来，图书馆管理一直使用的是传统的观念，在现今的发展中已经显得不协调、不合理。

（1）图书馆的规模

对传统图书馆规模的衡量主要考察两类数据，一类是馆藏文献数量（主要是图书），另一类是馆藏面积。这种衡量方法是有一定道理的，但在数字图书馆的背景下却是过时的，不能反映当前数字图书馆的基本信息状况，不能展现数字图书馆的新形象和新发展。以《四库全书》为例，随着电子版的发布，一些图书馆还可以增加电子版的《四库全书》，数字图书馆的方便程度、藏书资源量大等优势，是传统图书馆无法比拟的。小规模的图书馆也可以收藏电子版的大部头文献，为读者提供更为丰富的文献阅读服务。相反，如果规模大的图书馆的馆藏图书只作收藏而不联网，就图书馆利用价值而言，它仍然很小。

（2）图书馆的业务统计

图书馆业务统计包括图书借阅率、进馆人数、各类文献采购等，统计这些数据是非常必要的，但随着网络信息技术和图书馆功能的发展，现有的统计原理中已有部分内容不适应图书馆事业的发展。比如，统计进馆人数时已不能再遵照过去只统计进入阅览室的读者的数量了。因为，数字图书馆建成后，网上读者数量不断增加，数字文献被读者获取并加以运用。比如，读者可以在数字图书馆查阅《农桑纪尧》《上海经济年鉴》等，欣赏各种藏书，或者搜索"全国期刊索引标题库"。因此，在统计进馆人数时，需要把网上读者数量补充进来。

（3）图书馆的经费管理

公共图书馆是公益性事业单位，其经费管理分为馆长费、行政费和图书购置费等。然而，在数字图书馆和图书馆网络的建设过程中，图书馆除了需要支付上述费用，还需要支付数字图书馆网络的维护和升级费用；随着文献载体的多样化和电子出版物的兴起，图书馆的计算机和网络设备日益增多，如果原有经费不足，就要申请专项资金或将原有购书资金的部分预算纳入新项目。在重构图书馆管理新理念的同时，要进行宣传，使图书馆各级管理者树立相应的理念。

(4) 图书馆的形象战略

在网络环境的发展下，数字图书馆也需要吸引大量的固定在线学者，这样在提高图书馆数字资源利用率的同时，也提高了点击率。不同数字图书馆的固定读者是不同的。

第三节 虚拟图书馆

一、什么是虚拟图书馆

美国学者卡耶曾在一篇名为《虚拟图书馆：知识、社会与图书馆馆员》的论文中，将虚拟图书馆定义为一种使用电子网络远程获取信息与知识的手段。这一定义概括了虚拟图书馆的三大要素：电子化、网络与信息。卡耶并没有将虚拟图书馆看作一种图书馆的形态，而是将其看作一种获取知识与信息的方式。

我国的学者黄宗忠认为，虚拟图书馆并不是物理存储的图书馆，它是一个跨地区、跨国家的信息空间，也是虚拟现实技术在图书馆中的应用。

虚拟图书馆就是虚拟化的图书馆镜像，将信息资源的数字化存储与网络化传递作为基础，网上的所有信息资源都能够打破传统物理馆藏界限，从而在逻辑上构成"馆藏"，文献服务的范围可以超越个体资源的限制，读者不需要到图书馆，也不需要关注信息存储在哪里，只要可以联网就能够在任何地方、时间实现自由查询、搜索以及使用网上资源，不会受到数量、馆际界限的限制，从而实现信息资源共享，打造"大公共图书馆""无围墙图书馆"或者"环球图书馆"。

二、与传统图书馆比较

(一) 功能特征

数字图书馆有着传统图书馆所不具备的功能与特征。在馆藏建设、读者服务等方面都有了较新的发展。数字图书馆使用的是网络与高性能计算机，能够为读者提供更为广泛、先进且方便的服务，从根本上改变人们获取信息、使用信息的方法，与传统图书馆相比有着较大优势。

在传统图书馆中文献的主要载体是纸，数字图书馆对于藏书建设的影响，表现为对图书馆的"馆藏"含义的扩展，其中包含了不同形式的信息格式（如光盘、磁盘、磁带等），还有不同的信息类型（如书目信息、全文信息、图像等），所以数字图书馆并不受物理空间的限制，收藏书刊等资料也不会受空间限制。传统图书馆还需要进行一下手工操作，如上架、归架以及书刊核点等，这些都会在数字图书馆的发展中消失。并且，数字图书馆可以有效地解决传统图书馆中图书破损、遗失以及逾期不还等问题。

（二）检索方法

从检索方法来看，使用传统的检索方法，读者需要花费大量的时间阅读卡片，会对其造成一些不便，不利于查全率与查准率的提升。数字图书馆则是借助数据库界面展开搜索，促使读者能够更加快速、准确展开检索，为读者提供便捷服务。

数字图书馆可以实现资源共享，促使异地信息本地化。图书馆的阅读空间不再局限于室内，而是可以通过计算机网络将大量的网络资源传送到用户的家中或办公地点，用户实现同时对不同地区数字化资源的存取，加强读者之间的交流。

（三）意义

建立数字图书馆为实施科教兴国战略，以及提升全民素质都提供了强有力的文化基础支持。数字图书馆工程的开展，将改变我国的文化信息资源保存、管理、传播以及使用方式与手段，破除文化信息资源不能被有效使用与共享的弊端，为知识创新与文明建设营造出汲取文化信息的良好环境。尤其是信息不畅与文化发展相对落后的地区，只要连通数字图书馆网络系统，就能够更加方便地使用信息资源。

中国数字图书馆建设是跨部门、行业以及世纪的大型高新技术项目，一旦启动会带动相关产业，尤其是信息产业与文化产业发展，在知识体系传播的基础上，带动各行各业产生更大的经济效益与社会效益。

三、虚拟图书馆发展的轨迹

（一）数字化与数字图书馆

信息技术的不断发展促使图书馆的业务管理向着文献信息资源管理综合转变。在转变中，计算机性能的提升，对数字图书馆建设起到积极作用。最重要的是存储器容量呈现几何级数增长，各种存储载体出现。从计算机应用的角度看，图书馆自动化属于数据处理的范畴，具有数据处理量大、存储容量大的特点。在信息处理方面，数字图书馆主要致力于目录、索引等书目信息的处理，并对原始文献实施数字化管理。这种变化基于计算机技术快速发展。一方面，普通微型计算机的硬盘容量得到了提高。另一方面，中小型计算机和高性能服务器的储存量是微型计算机的数倍甚至几十倍。一台机器可以同时连接大量的硬盘和阵列，促进了局域网中多台机器的分布式协同工作。这些发展为文献信息数字化的发展提供了广阔的存储空间，也为图书馆的数字化建设创造了良好的环境。这样的变化实现了图书馆对原始文献进行计算机存储的梦想。不仅如此，低成本、大容量存储载体诞生，为图书馆馆藏带来了新的载体。图书馆可以使用可擦除或只读的光盘进行系统生产，并通过处理和使用二进制数字将馆藏文献存储在光盘上；而数字光盘也是图书馆文献资源的重要组成部分，其以多媒体出版物的形式出现，丰富了馆藏载体的类型和文献信息的多样性。它不仅可以作为文档的集合对其进行保护和存储，还可以转换为联机形式，与数据库一起放置，并且可以随时检索。图书馆所有的文献资源是计算机可读的形式，即数字存储。如果把这一过程理解为虚拟化，就可以理解虚拟图书馆的出现是文献虚拟化的趋势。数字图书馆的网络化和虚拟化为图书馆的发展奠定了基础。从本质上讲，它是文献信息存储的计算机化和信息载体的计算机化。

（二）网络化与虚拟图书馆

随着计算机技术和通信技术的应用，人类已经进入了网络信息时代。局域网和广域网相互连接，改变了信息处理和传输的方式。事实上，网络的概念已经丰富了，它是由计算机、通信和信息资源组成的全方位的信息服务网络。随着网络环境的发展，图书馆网络建设不再是图书馆之间的协作网络，而是建立计算机和通信网络平台上的数字文献资源信息网络。它将区域和跨区域、国内和跨境图书馆自动化系统集成在通信网络下，并建立虚拟链路，这就是虚拟图书馆产生的背景。"虚拟"一词来源于计算机领域，是指通过计算机虚构对现实世界进行模拟，即在计算机相关运算机制的处理下，模拟出与现实世界相似的场景。信息资源数字化和信息传输网络的发展，为图书馆网络化的发展开辟了一条新的道路。在计算机网络环境下，人们创造了一个具有一定实体信息系统质量和氛围的相似实体信息系统，就是虚拟图书馆。

四、虚拟图书馆的特征

（一）信息资源数字化

虚拟图书馆中的信息资源不管是文字、图像，都可以转换为数字形式，并使用计算机与多媒体技术进行有效结合，展开统一存储与使用。

（二）信息传递网络化

虚拟图书馆的基础就是网络与通信系统，如果网络或者是系统不够完善，就会导致虚拟图书馆失去自身的意义。信息传递促使虚拟图书馆打破了时间和空间的局限。

（三）信息资源共享化

数字图书馆只要连接上相关信息资源库，就能够实现所有用户的连接。用户无须进行国家、区域以及单位的区分，就能够共同使用它，实现资源共享。

五、虚拟图书馆的模式

虚拟图书馆主要包含了结构模式与服务模式。

（一）结构模式

从结构上看，虚拟图书馆由网络通信系统、信息资源系统、信息服务系统和管理中心系统组成。按照这种开发模式，相应的功能有各种载体的数字化、数据的存储和管理、组织对数据的有效查询和访问、数字信息在互联网上的发布和传输、系统管理和版权维护等。

（二）服务模式

虚拟图书馆的服务对象广泛多样。本书借鉴了电子商务的发展模式，提出了相关的服务模式。

用户论证：为不同的用户打开不同的权限，实现透明可靠的控制。

信息的合法传输：不违反版权及相关法律，不侵犯用户隐私。

计算结算：对收费服务项目进行正确统计计算，并进行电子货币结算。

营销理念与体系：将营销理念和方法引入数字信息服务中，吸引和满足用户。

六、虚拟图书馆的机制

虚拟图书馆以虚拟"馆藏"为核心机制，从理论上讲，虚拟图书馆应该形成如下机制。

（一）分散与集中机制

互联网具有高速的信息流，为虚拟图书馆建设提供了不竭的动力，形成了智能搜索机制，用户可以全面、高效地在网上获取信息。"收集"是通过主题查询将相关主题信息链接起来，并根据主题的强度进行排序，形成物理上分散、逻辑上集中的机制。

（二）资源配置机制

无论收藏形式发生了多大的变化，都要保持收藏的基本内涵。集合作为具有特定结构的资源系统，可以聚集特定的用户组。资源分配机制是将一些分散的资源和服务丢弃，进行分析和选择，形成技术上的信息链接和调用操作。

（三）数据存储与管理机制

除了硬件支持和形成层次结构空间（存储器、近线设备和离线设备），在技术上还应形成数据自动迁移和备份机制，以保证存储和传输的及时性和完善相互的反向操作机制。

第四节　数字图书馆存在的主要问题

一、资源浪费问题

从提出数字图书馆概念到众多图书馆纷纷展开建设，只花费了短短的几年时间，但在建设过程中缺乏统一的规划与协调机制，导致建设的标准不一。没有制定与执行相关的标准，各单位之间的利益也很难找寻到平衡点。部分图书馆会有"急功近利"的想法，片面追求数字化资源数量。有的高校图书馆则是忽视了馆藏特点与学校教学实际相结合，导致数字图书馆盲目开展建设，合作建设少、各自为政的现象比较多，各个场馆的用户检索界面、语言以及系统管理之间有着比较大的差异，不同数据库之间不能够相互兼容，各个系统很难实现联通应用，大量的人力、物力以及财力浪费在低水平的建设上。

二、信息版权问题

随着计算机技术、自动化技术以及网络技术的高速发展，文献资源格式转换、数字化作品复制及下载等变得更加容易，数字化作品的知识产权保护问题就显得更加复杂与突出。根据《中华人民共和国著作权法》，上传作品需要经过作品权利人同意，但是数字图书馆中的每一个作品想要实现得到每一位权利人的授权是比较困难的。

三、建设资金问题

数字图书馆的建设是一个庞大、系统且长期的工程，硬件设备与软件资源的购置、网络布线工程、人员培训、数字化资源的更新等，都需要充足的经费，但是高校数字图书馆建设存在的最大问题就是经费不足。部分重点大学与"211工程"大学数字图书馆建设与开发可享受专项拨款，但是普通高校图书馆建设经费来源比较单一，主要是学校拨款。近年来，图书、期刊等价格在不断上涨，导致较多图书馆每年的文献购置、业务培训、科研等基本的经费支出都不断增加，建设数字图书馆更是举步维艰。

四、图书馆馆员素质问题

现今中国高校图书馆馆员存在专业知识与技能不能适应数字图书馆建设需求的现状，馆中的专业人员与技术人员少、工作热情欠佳、老龄化等问题更加明显。在高校中，普通的图书馆馆员与教师之间存在较大的收入差距，导致图书情报专业、计算机专业以及自动化专业等方面的人才，在择业时很少会考虑从事图书馆相关的工作，高校的图书馆难以引进高素质人才。现有的馆员缺乏系统性、有计划的在职学习与培训，所以馆员业务水平能力难以实现质的提升，知识结构与观念也相对落后，不能够满足提供数字化信息资源服务的相关需求，这些问题在建设数字图书馆过程中不能够被忽视。

第二章 数字图书馆的组织与构建

第一节 数字图书馆管理系统分析

随着现代网络技术的发展,图书馆的商业范围和服务范围不断扩大,原有的系统已不能满足读者的需求。新设计开发的图书馆综合管理系统应包括编目管理、流通管理、阅览管理、电子阅览室管理、"一卡通"账号管理和基于网络的公共检索等多个子系统。

一、系统分析的任务

(一)需求分析

需求分析是在现代化管理理论的基础上,结合现阶段系统调查的实际情况,分析并且调查系统性的原始管理以及目标所在。

(二)新系统逻辑模型设计

新系统逻辑模型设计是指基于需求分析逻辑模型的总体结构,可以通过"自上而下"和"自下而上"的调查和研究相结合来进行分析,即首先从一般分解为本地,然后从下至上进行汇总,直至设计总体最佳的新系统。

二、需求分析

用户需求指的是用户想要符合新系统所提出的要求制定的功能以及限制,一般是指功能方面的要求和性能方面的所需以及可靠性的要求等。实际上,用户的需求是新系统目标的规范,而系统的逻辑模型则是用户需求的清晰详细的表示方式。

(一)需求分析的作用

就用户需求来说,需求分析主要包括以下两个方面的内容。一是必须对用户需求进行满足,然而不能直接地接受各种需求,主要原因是不是所有的用户请求都具有合理性。二是能够很好接受用户所提出的要求,开发系统需要在现阶段的系统基础上修改，由于用户需求主要对现阶段的系统缺失以及薄弱的环节进行反映，需要对新系统进行增补。用户需求方面的分析功能主要是选择现阶段系统性的逻辑模型，使新系统逻辑模型得以实现，对"工作"问题进行处理。

（二）需求分析的任务

随着互联网的迅速发展，信息交易量也以惊人的速度增长。网络存储技术的出现及时地缓解了部分问题。高性能、可扩展的网络存储服务系统的发展已成为网络服务器系统的主要趋势。以存储为核心的网络服务系统主要通过一种新的体系结构，包括Web（全球广域网）、E-mail（电子邮件）、流媒体等海量数据服务，通过对系统和数据的有效监控和管理，为客户提供服务。主要技术是NAS（网络附属存储）和SAN（存储区域网格）。

软件需求分析使系统分析员可以与用户达成一致，以清楚准确表达数字软件库及其数字技术中的研究关键和实施要求，详细信息如下。

（1）确定被开发系统的综合要求

功能要求、性能要求、运行要求、可靠性要求、安全保密要求、资源使用要求、成本消耗要求和用户接口要求。

（2）分析抽象系统的数据要求

总结了系统数据元素、抽象数据元素、数据的逻辑关系、数据字典格式和数据模型，这些数据以"输入/输出"处理结构的形式表示。

（3）由问题结构导出系统目标逻辑模型

以软件需求表达工具表示，例如，数据流程图。审查可行性报告，审查软件项目开发计划，编写软件要求规范。

（三）需求分析步骤

第一，调查分析。分析人员和程序员进行用户需求调查，将软件计划可行性分析报告与项目开发计划相结合，接入系统站点，并根据一定的主题、资源类型、用户范围、生成过程、使用管理范围等形成资源集合。不同层次包含相应的标准规范。例如，在数据描述方面，NSDL（美国国家科学数字图书馆）规定其项目中涉及的资源使用DC来描述资源集。

第二，从当前系统的特定模型中删除非必要因素，例如，位置、字符，并从当前系统中抽象化逻辑模型，使用图形工具来表示。

第三，分析当前系统与目标需求系统之间的差异，建立更有效的目标系统逻辑模型并使用图形工具进行表达。

第四，对系统目标逻辑模型进行完善和补充，写出软件需求规格说明书。

第五，对软件需求分析进行复审，直至确认文档齐全符合标准要求为止。

三、目标系统逻辑模型的建立

目标系统逻辑模型是目标系统逻辑设计的结果，是系统分析人员和用户经过反复讨论、研究、分析、比较、修改后得到的一套通用设计图纸，从逻辑上表明了实现新系统目标所需的各种功能，也代表了新系统的概述，如数据输入、输出、存储、处理、过程和系统边界。可以说，目标系统逻辑设计为系统的物理设计提供了总体规划，是连接系统分析阶段与系统设计阶段的桥梁。

第二节 数字图书馆管理系统的设计与实现

一、数字图书馆总体功能设计

数字图书馆综合管理系统的基本功能主要设计为文档处理模块、读者管理模块、成本收支模块、系统管理工具模块和统计管理五个模块，每个模块包含多个子模块。文档处理模块包括文档访谈系统、文档分类系统、文档属性打印系统、文档收集系统、文档检索系统、文档分发和当前报纸管理系统。文档处理模块是图书馆信息网络系统中最重要和最基本的一个模块。文献编目系统在图书加工中增加光盘，同时用相应的电子文献对书目数据进行索引。文件流转系统可根据实际需要对可流转的文件进行流转周期调整，还具有在阅览室进行文件流转和阅读的功能。数字资源的存在为用户提供服务，服务必须有相应的规范。服务规范的内容包括输入输出条件、数据检索服务条件、数据服务处理条件和系统调用条件。输入条件属于W3C（万维网联盟）规范范围，中间传输标准涉及传输数据封装，HTTP（超文本传输协议）有相应的规范标准，检索服务条件规范主要有Z39.50[①]、OAI（开放应用软件接口）等。读者管理模块包括文档管理系统、门禁管理系统、阅览室读者管理系统、阅览室电子管理系统。证书管理系统主要用于向读者收集个人信息，使用户成为合法读者。访问控制系统的主要功能是验证用户是否为合法读者。阅览室读者管理系统的主要任务是验证读者是否具有阅览室阅读权限，并向读者收集信息。

---

① Z39.50是严格基于ISO的OSI(开放系统互联)参考模型的应用层协议，是一个美国国家标准。

电子阅览室管理系统不仅从读者处采集信息，还具有充电采集和自动切换功能。成本收支模块包括"一卡通"充值系统、阅览室电子收款系统、违规处罚系统、有偿服务收款系统和用户消费查询系统。效率是可靠性和鲁棒性条件下的进一步要求。在信息时代，效率尤为重要。查询速度过低，则统一检索平台失去价值。

"一卡通"充值系统主要收取预付费，使收款过程尽可能安全可靠。违规处罚制度是指通过网络服务让读者了解自己过去的违规行为，并缴纳罚款，以赔偿损失。如果读者确认自己的违规行为，则可将相应金额转入任意一台电脑上的指定账户。有偿服务收款系统主要是指打印服务、小额产品购买等，因此交易过程中的电子交易量很小，管理水平也有所提高。用户消费查询系统是一个用户信息查询子系统，其主要任务是向用户提供各种消费的详细信息，使用户了解自己的消费状况和预付款余额。

系统管理工具模块主要包括数字图书馆综合管理系统、条码打印系统、数据转换效用等基本参数设置。数据转换实用程序提供了一些将旧系统数据转入新系统的基本工具。扫描后，库系统中对象的唯一标识符为专有条码，条码打印机生成系统所需的条码。

统计管理模块主要包括数据统计系统和图书管理系统。数据统计的主要任务是统计各阅览室读者人数，到达图书馆的读者状况；许可证贷款总数，分配给图书馆的预付款总额，文件发放总额，图书流通情况，高发行量清单等。人们对各种软件的功能要求越来越高，且用户的需求会不断变化，开发者需要考虑系统设计和可扩展性，即使需要修改或添加新的功能，也要尽可能地不改变现有的框架和系统代码。

不同图书馆管理系统的图书馆对模块有不同的要求。

二、数据库结构设计

分析原始数据库本身的结构的时候，需要熟悉图书的数字化业务，图书加载一般是通过不同的环节进行的，即采购环节以及编目环节，同时，数据需要在临时表中进行记录。对于该数据进行处理的时候，不能在中央数据表当中进行存储，主要原因在于需要多次快速地对其进行修改，最终使得图书数字化得以实现。一般来说，数据查询的时间比集成数据的时间要久得多，因此统一检索的时间比单独查询的时间少得多。这就是为什么使用统一检索比检索单个数据库要慢，因为统一检索时检索的数据更多。

三、图书数字化功能设计

(一) 图书采购系统设计

采购系统应完成图书的采购与验收功能。

1. 采购功能详细说明

第一，提供批号，检查 Pre Book Group 表中的 status 字段，如果为 0，则返回表中的批号 1。然后重新启动计算批号，更新表中的数据，将状态更改为 0 并返回新的批号。应用服务器每天早晨检查是否为新年；如果是，则重新计算批号，状态应为 0。以上只是批号的建议值，用户可以自行设置。收集并集成内部构建在外部检索的库数据，以形成有序的标准化数据资源库，将元数据发送到文献搜索系统，并将元数据和对象数据发送到资源发布和服务系统，将打包的保存数据包发送到数字资源保存系统可以实现长期保存。生成新的批号后，用户仍然可以手动输入上一个批号，以继续进行上一年的采购工作。

第二，输入 ISBN（国际标准书号），触发事件是按 Enter 键，相当于单击查询按钮的左键；若输入错误，要求再次输入。

验证重复项（必须验证主库和临时库）：如果重复，则询问是否要添加，如果是，则返回书信息，输入焦点仍保留在副本上，否则删除输入的信息，等同于单击删除键；如果不重复，它将返回与 ISBN 相关的信息，将其注册到变量中并将输入焦点旋转到标题。

第三，输入标题，默认为不重复验证。当此输入框中有数据时，单击查询按钮以实现重复检查功能。

第四，输入原始价格以及相应折扣，按回车键以计算实际价格。

第五，有的输入键没有特殊功能，它仅接受回车并更改输入焦点。

第六，在程序启动时，在数据库的相应表中查询下拉菜单的数据。

主表 system ID 字段选用自动增长类型，在记录写入时自动生成。这要求升级时将原数据一条条重新写入新库。数字文档处理系统主要负责文档资源收集的数字化生产和处理任务，是国家数字图书馆数字资源建设和服务的起点和数字图书馆的中央商业系统之一。数字文档处理系统通过使用照片、扫描、数字水印等技术手段将各种传统文档资源转换为数字资源，进行深度处理以生成元数据，然后将其与保存相关联，并提供数字成品管理功能。

初步的升级计划是将主库中的所有记录号读写到一个文本文件中，然后从文件中一个接一个地获取记录号，并将原始库中的数据写入新文件中。由于借阅记录仅与条码相关，因此借阅的书不会很乱。

2. 图书验收功能详细说明

第一，界面打开。自动给定操作员信息。

第二，标题查询。通常，搜索从 ISBN 开始。此框仅用于显示信息。只有当要检索的图书没有 ISBN 时，才使用标题来进行查询。

第三，输入条码。检查条码，如果有误，系统将提示条码是错误的，输入焦点将保持不变；如果该条码存在于条码框中，则删除该条码；如果验证成功，请进行验证（包括主库和临时库），如果重复验证，将提示使用条码，并且输入焦点将保留在输入条码上。

第四，验收存盘按钮：对比应以实际数量为准，如不能弹出提示框，则显示为"数量不对，按实际数量操作？"答案为 No 则不作任何处理；①将数字改为实际数字，并相应地在 Pre_Check 表中登记；②将信息存储在 Pre_Codebar 表中，并改变图书的状态；③做必要的接口清除，将输入焦点设置在 ISBN 输入框上。促销项目将创建大量的数字资源，从源头来看，这些资源主要来自外包数据库，如每个库的特色自建资源、网络资源的收集和保存等，从格式的角度来看，包括全文和文本图像，从类型的角度来看，包括完整的音频、视频、书目数据（包括电子书籍、电子杂志）等。这些资源来自不同的数据库提供者，或由不同的图书馆分别处理，并在各个级别的数字图书馆系统中进行分发和存储。

(二) 图书编目系统设计

编目系统主要由编目查询、编目处理、编目打印等主要功能组成。

1. 编目查询

根据 ISBN 编号和发布日期可进行编目查询。鉴于我国数字图书馆著作权保护的实际情况，在今后的知识产权立法中，宜建立"著作权赔偿制度"。国家版权保护中心等权威机构可首先定期对某一地区数字图书馆的使用情况进行调查，并根据作品的类型、访问次数、时间和使用方法等制定合理的收费标准，提出可行的收费建议。版权集体管理机构负责征收和发放补偿，由国家版权保护中心监督检查。

2. 编目处理

（1）输入相应的注册信息

输入时，有些项目可以按 Enter 键自动完成，图书标识字段中不应有重复的记录。输入书籍的基本信息后，单击保存按钮可进行保存，单击新建按钮可插入新记录。

（2）书目基本信息及其相关记录的维护

进入本功能的主画面后，单击修改按钮，可直接进入修改维护状态。系统支持三种查询方式：按题名模糊、按题名关键字和按 ISBN 号查询。选择适当的查询方式，并输入查询条件，点击确定后即可进行查询。若有符合条件的记录则会显示出来，并进入维护状态。否则将给出查询信息不存在的提示信息。

3. 编目打印

包括目录卡片、书标、新书目通报三个功能模块。

（1）目录卡片

输入所需打印的书籍标题，点击检索实现搜索，没有和相关条件相符的结果的话，就会有警告消息产生，当存在与相关条件相符的结果时，就能够进行打印，这是目前大多数数字图书馆常用的方法。通过输入密码，合法用户可以访问相关网站的内容，非法用户不能访问；若 IP（互联网协议）地址有限制，则只有指定 IP 段范围内地址用户可以访问相应的网站或数据库，如大学图书馆的数据库基本上使用这种 IP 段限制的方式。

（2）书标

书标包括三个命令：搜索、打印和关闭。其中，搜索窗口提供模糊标题、作者、分类号和集合分类号四种查询方法，均支持模糊查询。用户检索到相应的记录后，即可进行打印。

（3）新书目通报

搜索后，如果没有符合条件的记录，则给出相应的提示信息。只有当这本书有记录信息时，才会出现在窗口中。换句话说，用户只能检索数据库中的图书信息。

（三）图书流通系统设计

1. 借书处理

输入借书的条码，然后按 Enter 键，该程序将自动处理书籍并保存此信息。用户通过版权控制机构请求客户端认证技术证书，如果用户使用客户端身份验证技术来制作非法副本，则客户端身份验证技术机构将对此展开调查并在计算机域之外进行处理，同时，可以配置自动计费软件来传输信息，使用费自动记入用户在系统网站上建立的账户。

2. 还书处理

输入时的情况类似于借书时的情况。输入阅读器的条码，然后输入退回的书籍的条码后，程序将自动处理书籍的归还并保存，继续输入下一本书的条码，直到阅读器返回还书完成界面。接下来，重复以上的过程，处理下一位读者的请求。其原理就是将信息格式转化为密文，然后传输或存储密文，当需要时再重新转化为明文，这是保护数字图书馆知识产权的常用手段之一。读者的图书证件过了有效期或挂失后仍然可以还书，这与借书时不同。

3. 罚款处理

按下精细按钮后，输入框将出现在窗口的右上角。在输入框下方显示"请输入条码阅读器"消息，按 Enter 键继续进行精细处理。在精细处理期间，精细按钮将变为结束按钮，按下该按钮将结束精细处理。软件配置标准根据公共图书馆的职能分为省、市两级标准，标准规定了在推广工程实施中省级馆和市级馆的必配软件系统、选配软件系统以及必配软件代替系统要求。随着在全国范围内虚拟网络建设的深入发展以及各个地区硬件平台的改进，推广项目下一步将与配置标准结合，以促进实现全面实施阶段的数字图书馆推广项目的构想。

在此窗口中，用户可以准确地预览和浏览过期的书。首先，用户单击两个复选框，以选择过期的书籍和详细记录，然后按浏览按钮，左边显示的是过期的书，右边显示的是好的记录。精细预览的功能是向用户显示精细信息，例如，过期的图书罚款金额。退还书籍时，将对过期的书籍进行罚款。

4. 续借处理

续借处理类似借书时的操作。用户输入阅读器的条码后，输入要续借的书籍的条码，续借多本只需重复此操作，直到读者完成续借。最后，按 Delete 键（或 Esc 键），等待下一个阅读器的条码。如果借用的书到期或报告文档丢失，则读者将无法续借该书。每次续借都会将图书的有效期延长一个借阅期。续借问题需要通过针对性的方法进行处理，使各方的合法权益得到有效保护，用户可以续借几次，但是如果超过 3 个月，则无法续借。

5. 预约处理

窗口打开后将自动选中所有超过预约期限的记录，询问用户是否删除。

按下预约按钮后，用户可进行预约注册。在注册过程中，用户至少必须输入阅读器的条码和储备书的名称。注册后，必须将其保存。

在查询预订时，搜索阅读器则输入阅读器的条码，而在通过预订中咨询阅读器时，输入书名。搜索后，按恢复按钮即可返回到预约窗口。修改：用户可直接修改预约记录，不过换到下一条记录时会被询问是否保存。

6. 典藏图书查询

用户在选择查询方式后，输入查询信息，按查询按钮即可进行查询。查询结果显示在左侧窗口中的列表中（只显示主要信息），用户单击记录，则详细信息将显示在下面的窗口中。用户可以通过滚动条查看存储在书目基本信息库中的所有当前信息。

7. 读者图书查询

读者可以通过阅读器条码、读取器名称、读取器单位和读取器类型这四种方式查询借阅的书，它们都支持模糊查询。在左上方的窗口中显示了被查询的读者的信息，在下方的窗口中显示了读者借阅的书的信息。

界面有两对箭头按钮，一对在顶部，用于查看阅读器信息，另一对在底部，用于查看当前阅读器借用的图书信息。在查询多个读者时，可以使用向上箭头按钮查看读者信息，如该读者借了多少本书。

8. 书证管理

此功能模块建立了一个信息数据库，可以执行输入、删除、修改和保存功能，但无法转让或恢复。如果原始库中没有记录，则将自动为该条目添加新记录。输入时，使用 Tab 键将光标移动到要输入的字段，然后输入。例如：读者的职业是教师，职务代码是 08，输入人员只需用鼠标单击输入框右侧的下拉箭头，在框中选择教师项，选择此字段会自动转换为 08，用户也可以直接输入 08。

当光标位于要输入的字段（如阅读器的名称和阅读器的条码）时，键盘上的向上和向下箭头也可以滚动记录。更改数据后，如果不保存即退出或按恢复按钮，将出现一个弹出窗口，询问是否要保存修改的记录。

还原是指从数据库再次检索记录。这次将放弃对日志的所有操作，并恢复最后保存的结果。

传输库用于将新阅读器库中的当前记录传输到阅读器的基本信息库中。传输成功后，系统将提示您从读者的新库中删除此记录。否则，当再次传输此记录时，两个相同的记录将被输入阅读器的基本信息库中，会导致错误。虚拟网的建设目的在于承载推广工程的各类业务系统，实现软件复用及资源的跨库检索、无缝链接。目前国家图书馆已经完成了与副省级以上图书馆的虚拟网络连接，部分省级馆也通过虚拟网向到馆读者开放了近二十种国家图书馆资源，效果良好。

记录中的读者条码不能相同，不能为空。在只改动一条记录的一个字段时，应使光标在改动后移动到下一个位置以确认输入结束。

9. 书证挂失与黑名单

输入丢失文档的阅读器的阅读器条码，然后按 Enter 键，报告丢失情况。阅读器的基本信息显示在窗口中，并且报告丢失的项目将从原来的"no"变成"yes"。丢失报告后，用户将无法借用带有此阅读器条码的书籍，只能退还书籍。如果读者在图书馆中进行非法操作，则会被列入黑名单。因此，所有读者的权利都是私有的。

（四）图书公共检索系统设计

1. 图书查询

图书查询提供四种检索形式，分别为中图法、主题词、任意条件、固定条件。部分具体功能介绍如下。

（1）中图法

中文图书馆搜索基于中文书籍分类方法。一级字母分为 22 个类别，每个类别又分为 2~4 个子类别。读者可以跟随箭头指示将搜索向下一级。

第一个字母级别和相应的名称显示在窗口顶部。单击右侧的黑色箭头按钮分别查看上一个或下一个字母。

单击下面的红色指示按钮打开当前相应的字母的窗口。同时，第一个字母窗口右侧的方向按钮无效。单击二级字母窗口上方的绿色指示器按钮，返回到一级字母窗口的状态。

当读者找到要搜索的字母时，单击搜索按钮，系统将在当前中文图书馆的搜索窗口中搜索分类号，即最深层字母的书目信息。如果找不到，它将发出警告并指导读者继续搜索。否则，将打开基本书目信息窗口，读者可以看到所需的信息。

（2）主题词

在数字图书馆系统中，基于 SOA（面向服务的架构）的应用程序支持平台无缝集成国家图书馆的各种业务应用程序系统和工作流程，使数字图书馆平台具有可扩展性，下面提供五种搜索方法：常规标题，"常规标题+发布日期"，"常规标题+发布者"，"常规标题+分类号"，"常规标题+作者"。

2. 公共信息

公共信息包括告示板和意见箱两个模块。

（1）告示板

告示板分为两种，分别供读者和专职人员使用。

(2) 意见箱

意见箱分为读者意见（输入、查看）和预约图书（登记、查看）两部分。

四、数字图书馆功能详细设计

（一）门禁管理系统

读者进入图书馆时需要刷卡，验证读者所持卡是否合法。

（二）阅览室读者管理系统

某些阅览室对部分读者是不开放的，读者必须具有进入该阅览室的权限才能进入。

（三）服务费用的收支系统

预收费系统必须首先进行安全检查。如果没有安全问题，读卡器应刷卡以判断卡片的合法性，如果合法，则允许充值。

当图书馆为读者提供服务时，读者必须刷卡以确认身份。刷卡时，请管理员检查是否有过期图书，若无过期图书，则提供相应的服务；如果有过期图书，提示读者尽快解决相关问题并缴纳罚款。

五、未来展望

卡内基·梅隆大学、斯坦福大学和部分其他大学已经开发了自己的数字图书馆系统。

（一）多媒体数据的存储和检索

文本数据用户可以执行全文搜索以快速找到他们感兴趣的内容，而多媒体信息搜索要实现这一点，需要解决信息分段提取和恢复的问题。其中，基本元数据是一组适合于描述、管理和保存各种类型的数字资源的基本元素，它们是在 DC（都柏林核心）元数据的基础上建立的。元数据是极具代表性的资源库类型的特殊数据。从数字资源生命周期管理的角度构建管理元数据，构建数据模型和数据字典，包括采集、处理、服务等资源管理。

（二）数字图书馆数据的版权保护

数字图书馆的数据都会受到知识产权所给予的保护，明确通过哪一种方式对数字信息版权问题进行解决是非常重要的。

第三节　信息集成与整合的设计与实现

一、信息集成与整合相关支撑技术

数字化图书馆具备的功能是多样化的，功能实现必须以不同领域的技术为基础，与此同时，必须确保数字化图书馆本身的性能。随着现代科学技术的不断发展，高新科技将为数字图书馆的发展提供强有力的技术保障。主要的相关支撑技术如下。

（一）计算技术

1. 并行计算

待处理信息量不断扩大，对计算机的处理能力和处理速度要求越来越高。芯片的开发速度很难跟上这一需求，因此需要不同的计算机并行合作来完成任务，这就是并行计算技术。在长期实践的基础上，计算技术得到了明显的发展。到目前为止，PVM（并行虚拟机）和 MPI（信息传递接口）为分布式计算中广泛应用的两种并行计算环境。

PVM 可以使多台异构计算机执行灵活的并发计算。这些计算机可以是多处理器计算机、矢量超级计算机、图形工作站或标量工作站。用户可以通过 PVM、PVM 类库访问控制程序组件的执行位置。异构网络环境下 PVM 可以透明地处理报文路由、数据格式转换等。

MPI 是由许多并行计算机用户和供应商开发的，定义了处理器之间基于消息的通信规范。采用 MPI 可以保证并行程序的可移植性。与 PVM 相比，MPI 有很多优点，主要表现在实现方法较多、定义第三方的实现规范、支持异步通信、消息缓冲池管理较好、能够有效保护第三方应用、可移植性强等方面。MPI 集群具有较好的稳定性、效率和确定性。

2. 分布式计算

分布式计算主要是把一个需要非常大的计算能力才能解决的问题分解成许多小的部分，然后把这些部分分配给多台计算机进行处理，最后把这些结果综合起来得到最终的结果。其中，有个比较重要的概念是组件。组件能够实现平台的跨越，开发软件的人员能够对所需组件进行订购。分布式计算有其优点，即稀有资源共享，一般可以实现不同计算机之间的平衡，同时将程序放置在更合适的计算机上。

3. 移动计算

移动计算是在移动通信的基础上,使网络和数据库以及分布式计算不断发展的一种技术。这一技术主要通过计算技术以及电信技术将相关环境以及计算模式提供给用户,继而使得计算机以及其他智能化的信息终端设备可以在环境当中共享资源,具有随时随地服务客户的功能,并且可将准确的信息资源提供给用户。其使大众的生活方式发生了很大的变化。

移动计算是一种强大且跨学科的新兴技术,是当前信息技术研究的切入点,被认为是对未来产生深远影响的四个主要技术方向之一。

4. 网格计算

网格是继传统互联网和万维网之后的第三代互联网应用。互联网在以往的发展中已经连接了计算机硬件,万维网的存在使网页得到一定的连接,同时,网格尝试着使互联网资源共享得以实现。

(二) 网络技术

1. IPv6 (互联网协议第 6 版)

现有的互联网是在 IPv4 (互联网协议第 4 版) 的基础上运行的,IPv6 是互联网协议的最新版本,它的提出主要是由不断发展的互联网决定的,因为 IPv4 定义的地址空间已经被耗尽,同时,并不充足的地址空间总是会对互联网的发展产生影响,想要对地址空间进行扩展,就需要在 IPv6 的作用下实现对地址空间的重新定义。IPv6 的优点主要在于以下几方面,即扩展地址空间、提高网络整体性能和服务质量、有助于安全性保障。

2. 无线网络

使用无线网络的最大便利是不受固定位置的限制,既方便又灵活。

IEEE 802.11b[①] 使用 2.4 GHz 频带,传输速度为 11 Mbps。它从根本上改变了无线局域网应用程序的设计和状态,并满足了人们在给定区域中不间断办公的需求。802.11b 操作模式基本上分为两种类型:点对点模式和基本模式。点对点模式是指无线网卡和无线网卡之间的通信方式,基本模式是指无线网络规模扩充或无线和有线网络共存时的通信方式。要实施数字图书馆推广项目,必须继续遵守标准原则。其基本思想是在国家数字图书馆已经形成的规范的基础上,借鉴各

---

① 802.11b 是 IEEE 在 1999 年 9 月制定的一种无线局域网标准,是 802.11 的扩充。

个层次和类型的成熟图书馆规范，结合推广项目的实际需求，建立规范体系，以及更全面的数字图书馆推广工程标准。未来的发展中，国家需要制定适用的标准和规范，并指导地方政府制定相应的标准应用指南，以实际指导数字图书馆推广项目，资源服务以及软硬件平台的建设，确保项目的标准化，促进数字图书馆的发展。无线网络的便利性和灵活性非常适合小型办公环境和家庭网络。根据不同条件，主要有点对点解决方案、单点接入解决方案、多点接入解决方案、无线中继解决方案、无线冗余解决方案和多蜂窝漫游模式。

3. 网络存储

高性能、可扩展的网络存储服务系统的发展成为网络服务器系统的主要趋势。在我国数字图书馆建设的过程中，图书馆界一直重视标准的建设和发展。在研究国外相关标准的基础上，国内启动了多个国家大型数字图书馆建设项目，依托具体项目和具体单位，制定了数字图书馆标准规范体系，指导项目的建设实践。以存储为核心的网络服务系统是一种新的体系结构，通过对系统和数据的有效监控和管理，为客户提供服务。主要的技术 NAS 使得文件存储和检索更有效，它的操作系统被优化为只管理和保护文件。NAS 是一个网络中心的概念，取代了传统的网络文件服务器，提供了一个共享的存储器，对数据访问来说，它是一个专为文件共享而设计的服务器。与传统的服务器相比，其优势在于可快速联网并投入使用，外形紧凑，成本低。NAS 主要经历了三个阶段：来自多个主机的磁盘共享；服务器之间共享文件系统，并将多个服务器平台连接到存储设备；跨异构服务器的文件系统共享和多个存储设备开发的共享。

（三）Web 技术

就 Web 技术来说，这是现阶段计算领域不断发展的重要组成部分。Web 技术的发展则使计算机间实现资源共享和信息传递。该技术的应用也有助于数字化图书馆的发展。HTTP（超文本传输协议）是互联网上广泛使用的传输协议，其中包括对传输消息格式的描述、消息内容、传输顺序、相应的方法和错误条件等。

MIME（多用途互联网邮件扩展）最初是用来描述电子邮件的，现在用来描述 Web 应用程序中的数据类型。MIME 是系统记录和传递类型化数据的灵活方法。URL（统一资源定位系统）提供了简单而灵活的寻址机制，使 Web 能够连接世界各地的计算机信息。

（四）信息安全技术

信息安全包括信息保密性、完整性、可用性、可控性。一般而言，信息安全技术的主要目的在于确保电子信息本身的有效性。就保密性来说，这有助于保障信息不会被泄露，很好地抵制不良攻击，同时，避免没有经过授权就对信息进行篡改。可用性的存在则是想要保障授权用户能够选择信息以及相关系统，这是有效监视信息安全的重要保障。

（五）主要标准

1. 数字内容创建的标准

数字内容是指在传统书籍和图像以及视听产品数字化作用下产生的数字对象。创建数字内容的标准是指内容编码和对象标识。

（1）内容编码

内容编码是指数据内容方面的计算机编码，结合汉字编码的主要特征，在标准编码基础上，还有特殊信息编码，涉及数学符号和公式、化学符号、矢量信息、地理坐标等。此外，还有数据文献结构编码标准，定义文献的结构。

（2）对象标识

建立对象标识标准的主要目的在于识别数字对象。想要使数字对象的标识机制得以建立，就需要注重以下内容。一是命名域，主要对标识对象的具体类型以及范围进行确定；二是唯一性的标识符，也就是命名域的表现形式；三是命名机构；四是登记机构；五是地址方面的解析系统。在因特网当中存在的数字对象标识是在URI（标识、定位任何资源的字符串）基础上进行命名的一种机制。虚拟图书馆是一个虚拟的图书馆映像，它基于信息资源的数字存储和网络传输，互联网上的所有信息资源都可以打破物理馆藏的界限，从而形成支持文档传输的逻辑"集合"服务，超出了单个服务器资源的限制，用户只要有一台计算机并连接到网络，就不必亲自去图书馆或关注信息的存储位置，在互联网上即可搜索并使用信息资源，不受时间和空间的限制。标识符本身必须是具有逻辑性的并且不链接到物理地址。用于命名数字内容的系统规则是开放的，并且定义明确。命名系统必须尽可能使用标准或通用标识符的名称。数字对象资源系统需要和唯一的标识符相符，同时，对这唯一的标识符进行解析。当因为技术因素的作用难以添加资源，就需要建立数字对象内部规则，有助于其他系统的正常使用；作为大规模数字信息服务系统，应考虑多个唯一的识别系统的互操作性；许多数字对象可以由多个数字对象或动态复合对象组成，并且它们的连接和多路复用通常必须与标识机制兼容。

2. 元数据的标准

元数据主要作用在于数据的描述，所有领域中都具备针对性的元数据标准。

在文献资料领域，主要有 MARC（机器可读目录）和 ONIX（在线信息交换）；在数字图像领域，有 CDL（协同深度学习）、Metadata（元数据）、AR Core① 等；在连续图像领域，有 MPEG-7（多媒体内容描述接口）、MPEG-21（多媒体标准框架，又称数字视听框架）等。具有开放性的网络领域当中，不同级别信息系统的定义以及描述都具有动态性，元数据方面的标准以及规范发展方向具有开放性。

3. 资源组织描述的标准

数字对象遵循一定的主题、资源类型、用户范围、生成过程以及使用管理范围等因素。资源的集合，在本组织中，不同的层次包含不同的标准；例如，在数据描述方面，NSDL（美国国家科学数字图书馆）要求参与其项目的资源使用 Dublin Core（都柏林核心）来描述资源的集合。管理机制包括 PICS（协议实现一致性说明）、ODRL（一种信息模型）等。

4. 数字资源系统服务标准

数字资源的存在最终在于为用户提供服务，服务也必须标准化。服务规范的内容包括输入输出条件、数据检索服务条件、数据服务处理条件和系统调用条件。若条件在 W3C（国际网络联盟）规范范围内，中间传输标准涉及传输数据封装，HTTP 有相应标准。Z39.50、OAI 等是搜索条件的主要标准。

5. 现状和发展趋势

中国所建立的实验数字化的图书馆项目其实就是数字化图书馆建设的重要保障。截至发稿前，不管是研究数字化的图书馆或者是相关理论知识等，都实现了较快发展，但和很多发达国家相比，还是存在一定的差异，中国的数字化图书馆还在起步环节。

二、信息集成与整合的设计与实现

信息化的集成平台具有统一性，主要负责信息的接收以及分发，同时，需要对信息进行一定的收集以及生成结果。只有对信息集成化的平台进行良好设计才可以实现有效查询。

（一）统一检索结构

随着在线信息资源的爆炸性增长，用户对专业搜索引擎的要求越来越高。现

---

① 谷歌推出的搭建增强现实应用程序的软件平台。

在，许多图书馆都拥有了大量的电子资源，包括各种电子期刊数据库、电子书数据库、专有数据库等。但也存在一定的不足，即读者需要访问不同的搜索引擎，进入不同的电子资源搜索界面，同时根据数据库搜索的规则来了解所需的信息、查询相关内容。为了方便读者使用，需要建立一个统一的搜索平台来实现单用户认证、不同系统之间无缝链接的服务系统。读者可以通过一次性操作来搜索集合中的所有文档，并得到所有搜索结果。

1. 统一检索结构设计要求

信息集成平台根据数据资源子库的分类处理查询请求信息。目前的图书馆资源库主要分为标准和非标准两类。其中有 OAI 标准和 Z39.50 标准，国外资源较多，国内资源基本不规范。

统一检索结构的最根本原因是使读者查询方便快捷，而不必担心特定查询的细节。

（1）可靠性

对读者来说，最重要的是找到需要的信息，因此统一的检索系统需要提供可靠的服务。查询结果真实可靠，尽可能符合读者预期目标。

（2）稳定性

这是符合多个查询所需的主要要求。对具有特殊性的查询条目来说，需要有一定的处理方法，继而使得系统可以稳定发展。网络信息资源组织开始并没有直接使用各种分类法，而是针对网站信息的内容和特点，直接设定一些简单的栏目，或进行大栏目的分类。类目完全是基于网站内容的信息量和信息主题设定的，同一主题可以分别属于两个或两个以上的类目。

（3）高效性

高效性是在满足可靠性和稳定性条件下的进一步要求，只得到查询结果是远远不够的，在信息时代，效率尤为重要。查询速度过低，则失去统一检索平台的价值。查询的复杂度虽然降低了，但浪费读者宝贵的时间。

（4）可扩展性

前三个方面是从读者的角度来看的，而可扩展性主要是从开发人员的角度来考虑的。可扩展性指即使需要修改或添加新特性，也应尽可能不改变现有框架和系统代码。各种软件的功能和性能要求越来越高，因此每个系统都不能从实施之日起进行修改。相反，用户需求将继续变化，需要考虑系统设计。

2. 统一检索结构内容和性能分析

自人类社会出现以来，信息的存储、传播和利用一直存在问题。随着人类知识的积累，除了通过人自身语言向后世传播知识，一个重要的途径是将人类的知识和经验记录在书籍中，并在需要查阅或借阅的人员之间传播。结合以上几点，笔者设计了统一检索平台的结构，整个结构分为用户层、信息集成处理层、适配层和数据源层四个层次。

在这一结构中，用户层接受用户的直接面对。其功能在于对用户输入查询内容进行获取，整合信息集成处理层，调用适当的查询结果，同时向用户层进行反馈。适配层会按照数据源的类型有效划分类型，并对相应查询数据进行处理。按照现阶段的国际标准，很多图书馆的数据库资源都进行了针对性划分，即满足OAI 标准，与 Z39.50 标准相符，很多数据源的形式之间都是相符的，所以，读者在查询的时候，能够按照具体条件进行查询，进而获得自身所需要的资源，还可以确保结果的可靠性。

现在比较使用统一检索平台和访问不同的搜索引擎查询相同内容所需的时间。假设现在有 n 个数据存储库，现在启动一个查询。由存储库处理查询的时间为 T_{single}，信息集成平台整合各存储库查询结果的总时间为：

$$T_{single} = \sum_{i=1}^{n} T_i$$

如果是选择统一的检索平台，那么就能够在同一时间段执行，查询时间则是 i 数据库查询期间使用的最大时间，需要对查询结果的处理时间进行延长，通过以下公式进行表示：

$$T_{union} = \text{Max}(T_i) + T_{integrate}$$

一般情况下，数据查询的时间 T_i 远远大于整合数据的时间 $T_{integrate}$，即 $T_i > T_{integrate}$，所以 $T_{single} > T_{union}$，即统一检索所花的时间远小于单独查询的时间，这时查询数据库的数量更容易体现。当然，当比较统一检索所有数据库资源所需的时间时，前者明显大于后者，但检索结果的数量不同。因为统一检索系统检索的数据更多，所以使用统一检索比检索单个数据库要慢。

可扩展性是本系统的一个显著的特点，这是因为使用了模块化的结构，对不同模块使用 Web Service[①] 调用。系统可扩展性的恢复一般用数据资源库的增加来表示，系统可以方便地添加数据资源库的新查询功能。在这个结构中添加的数据库主要有两种类型：一种是增加现有的数据库类型，另一种是数据库类型。在这两种情况下，结构都很容易扩展。对于第一种情况，只需要在信息集成平台中再

---

① 基于网络的、分布式的模块化组件，它执行了特定的任务，遵守具体的技术规范，这些规范使得 Web Service 能与其他兼容的组件进行交互操作。

分发一个查询，底层适配器不需要修改；对于第二种情况，只需要添加一个用于处理这类资源的适配器，原有模块无需更改。

（二）信息集成平台在统一检索中的作用

信息集成平台是统一检索中的核心部分，主要作用包括以下三点。

1. 翻译转化用户请求

用户通过统一搜索的用户界面对查询条件进行输入，信息集成化的平台主要负责翻译工作，进而对相关信息进行有效处理。电子版叙词表最初是为了符合联机数据库的应用而开发出来的，当时的叙词表通常为最简单的静态文本格式叙词表，而且叙词表多隐藏于检索系统之中，供标引人员参照，同时在检索阶段进行联机匹配。

2. 处理用户请求

用户请求转化为统一格式后，平台调用 OAI 标准服务、Z39.50 标准服务和非标准服务。各服务器完成查询以后，信息集成平台接收其查询结果。

3. 整合查询结果，返回用户

对各服务器返回的不同的查询结果进行整合，处理成一个整体返回给用户。

（三）数据资源子库

信息集成平台根据数据资源子库的分类处理查询请求信息。对于这类子库，调用 Web 接口（调用 Web 接口是指在远程 Web 上使用 HTTP 协议调用 Web 应用程序实现查询）并返回所需的请求信息。在用户输入一个单词后，"参考知识"将列出不同词库中使用的主题词，与所有单词列表中的主题词或短语交叉引用，或与用户选择的特定主题词库中的主题词匹配。

（四）信息集成平台的研究和实现

1. 信息集成平台构建环境操作系统

JVM（Java 虚拟机）采用了 JDK1.5，主要使用了 JDK1.5 已经自动实现的线程池技术。

2. 翻译转化用户请求

用户将查询内容输入查询界面，对其进行一定的转换，使其成为信息集成化的平台格式。此时，查询界面就会对所有子库进行显示，该数据一般会在信息集成化的平台数据库中进行存储。除此之外，需要按照查询接口的实际内容使得

XML（可扩展标记语言）文档得以形成。同时，目前的 XML 文档需要对该内容进行解析。下面首先介绍对数据资源子库元数据（Metadata）的管理，然后介绍 XML 读写技术，最后详细说明用户请求翻译转化部分的实现细节。

（1）对数据资源子库元数据的管理

系统实际查询前，需要确定查询数据源的元数据信息，是指数据源的名称、数据源的类型和地址等。查询时，需要根据数据源的具体类型实现 Web 服务调用的分配，需要传输地址信息，需要借助数据源进行信息管理。

（2）XML 读写技术

想要对 XML 文档进行生成和分析，就需要注重 XML 跨平台性以及通用性，不管是信息集成化的平台还是 Web 服务的提供商间参数的查询等，都需要进行一定的传输。

XML 文档分析器主要有两种类型，一种基于 SAX[①]，另一种基于 DOM（文档对象模型）。从 XML 文档开始的 SAX 访问逐个节点，在读取到所需数据时停止读取，其优点是整个 XML 文档内容不需要添加内存，内存使用较少，缺点是灵活性差，不能随机读取所需数据。

DOM 和 SAX 是不同的。DOM 解析器将整个 XML 文档转换为 DOM 树并将其存储在内存中，但是，当 XML 文档较大或文档结构复杂时，内存需求相对较高。此外，遍历具有复杂结构的树也是一项耗时的操作。一方面利用词法表生成元数据，另一方面利用词法表可以构建检索公式。该项目特别侧重于开发受控制的词库数据库和用户环境，并力求为用户提供更灵活的使用环境，包括搜索格式中使用的关键字、同义词、元数据和相关概念；然而，DOM 解析器的树结构思想与 XML 结构一致，很容易通过 DOM 树机制实现随机访问。因此，DOM 解析器也具有更广泛的使用价值。

信息集成平台所涉及的 XML 文档量不大，因此宜采用 DOM 解析方法，采用 JDK Transformer Factory 和 Transformer 类实现。一般来说，该标准涵盖以下方面：在计算机辅助或全自动生成术语词库时使用的规范和方法；显示词与词之间句法关系的能力；支持网络术语词库的各种显示模式；支持交互式操作并可用于术语词库的协议、结构和语法；就拟开发网络术语词库的语言达成共识，普遍认为术语词库应具有灵活的显示以便于索引和检索；XML 和 RDF（资源描述框架）作为网络语言非常适合生成不同的浏览工具，因此作为首选推送。

---

① 一种 XML 解析的代替方法。

（3）翻译转化用户请求的实现细节

子库部分是指不同的独立数据库。数据库的元数据信息（数据库名称、地址、类型）存储在信息集成平台本地数据库中。页面只显示每个数据库的名称，不显示每个数据库的标准类型。用户只需输入查询的内容，选择需要的数据库即可得到最终的查询结果。他不需要关心从平台到特定子库的查询过程，这样用户就可以感觉到它是一个统一的收集系统。

为了统一规范，所有Web调用都使用一致的方法和参数。翻译转换部分将通过子库的类型查询相关内容，以生成平台定义的格式。其中，查询内容的XML文档包括查询页面中的所有内容。

3. 处理请求信息

所有子库查询处理都是在各种类型的Web服务下进行的，平台按照所生成的信息，结合子库的具体类型对Web服务进行调用。因为大多数用户请求方便查询，所以这一类型的服务调用选择的是线程池技术，想要得到查询结果分页，查询结果就需要在临时库当中进行存储，之后通过页面显示。

（1）线程池技术

这一技术的主要目的在于不断提高系统效率。主要原因在于，服务器会通过比较短的时间使得线程得以创建和销毁，进而在这一过程中得到有效应用。如果用户找不到引用的原始材料，那么就不可能详述某些材料。通过一定的分析以及研究，可以看出网络的信息资源是不同的。使用超文本技术通过超链接形成三维网络连接，可以通过节点连接有关各个国家、各种服务器、各种网页和各种文章的相关信息，直接指导用户查阅引用的原始文件。

zh-CN［简体中文（中国）］需要更多的时间和资源来处理实际的用户请求。线程池是为了最大限度减少这种情况的发生。

线程池技术在使用过程中有一个明确的原则，即创建固定数量的线程，实现信息有效处理。如果请求的任务数量大于线程池，则需要实现线程等待。如果请求的任务数量大于线程池的大小，将处理一些任务，因此不需要为所有任务创建线程。数字信息资源不受使用限制，可以同时被多个用户使用。只要有一个开放的IP地址，就可以获取相关的信息资源。

英语中，不同的学者对线程池有不同的解释和不同的定义。在中国，最常见的翻译名称是"整合""重组"等，从而产生了诸如数字信息资源整合、网络信息资源整合等名词。工作线程的存在能让任务得到循环性执行，同时充分发挥任务队列的效果，继而使得没有经过处理的任务在队列当中存在，任务接口得以实现,目的在于确定任务总数。

(2) Web Service 的使用

信息集成平台中处理查询请求主要使用了 Web Service 技术,利用 Axis[①] 工具实现 Web 应用。本次研究选择的是 Axis 1.0 版本,平台使用 Eclipse[②] 和 Axis 插件,要创建一个完整的 Web 服务应用程序。它主要分为两部分:服务器和客户端。在这里,服务器是每个提供 Web 服务的适配器,而客户端是一个信息集成平台。

编写一个程序接口,该接口需要实现服务器端逻辑,定义接口名称、方法名称和返回类型。可扩展性存储系统需要采用先进的技术来促进整个系统无缝升级。在数字图书馆中,信息资源正在爆炸,但是图书馆的存储设备无法立即投入,存储解决方案必须考虑到这一点。此 Web 服务主要接收 XML 字符串文件,该文件是查询内容的 XML 文档,并在处理查询后以 XML 格式返回查询结果字符串,函数方法的名称为 Get Search Result。数字图书馆是一个庞大的多媒体数据库,仅以文学的年增长为例,全世界每年出现超过 750 万份新文件。如果每个文档有 200 页,每个页面包含 1600 字节,则文档信息的年度增长高达 2.4 T。并且文档信息只是数字图书馆中信息的一部分,如果考虑其他类型的信息,例如,CD(小型镭射盘)、磁带、录像带、缩微胶卷和其他多媒体信息,则数字图书馆中的信息量将令人望而生畏。

根据 WSDL[③] 文件生成服务端和客户端代码。

4. 整合查询结果返回用户

当有所有条件查询结果,需要整合所有结果,然后返回给用户。下面分别阐述三个备选方案。

方案一:显示的每个页面发起一个 Web 调用。该方案可以适当优化,即在发起第一次查询时,需要调用所有 Web 服务来记录每个数据资源类型的查询结果数量。后期,根据用户需要显示的页数来计算要调用哪个 Web 服务,而不是每次调用所有 Web 服务。

方案二:查询只调用 Web 服务一次,分页时再不调用,将所有查询结果存储到 XML 文档中,显示分页时再直接对 XML 文档进行操作。

---

① Axis 全称 Apache extensible Interaction System,是 apache 组织下的一个开源项目,用来做 Web Service 开发。
② 跨平台开源集成开发环境。
③ 网络服务描述语言。

方案三：与方案二大体一致，区别是将数据存入数据库，分页显示时操作数据表。

如果只需要在第一页上看到结果，那么第一个方案是最好的，没有数据存储时间，但从读者的角度来看，通常需要在其他页面上浏览更多的结果。这大大增加了多个用户同时查询 Web 服务器的负载。

剩下的两个方案需要存储数据。在 XML 文档中存储数据的第一种方法是将所有用户的查询结果存储在一个文档中，第二种方法是为每个查询用户生成一个 XML 文档。前者对于拥有更多用户的大规模查询显然是不合理的。当用户太多时，XML 文件急剧膨胀，大文件的读取将严重影响查询速度。第三种方法是将查询结果存储在数据库中，可以简单地创建数据表并使用用户 ID 来标识不同用户的查询结果。用户完成查询后，删除相应查询的结果并存储在 XML 文档中。相比之下，存储在数据库中的优点是数据表的操作方便快捷，只需要一个 SQL（结构化查询语言）语句来查找和删除数据表中的记录。所有最终的信息集成平台都会选择一个可以在数据库中存储数据的方案。

第四节 数字馆藏的组织及管理

一、信息资源分类描述语言

人类在对外界客观事物的观察中，很早就认识到，对客观事物进行分类，将提高认识的功效。信息资源的所有类型都能够使得信息资源有一个很好的组织以及被很好应用。当大众组织并且开展信息资源整合时，已经开始有很多思想以及规律形成，比如，按照已经覆盖的知识实际情况划分信息资源的层次结构，在内容之间体现一定的关系；使用简单和通用的符号作为分类工具，来表达不同层次结构的信息主题，将相关规则编译到可用的分类表中，人们将其用作标准，并在信息组织中一起使用，这是分类法。

分类法是在图书馆和信息领域收集、整理文献检索等各种具体需要的基础上发展起来的。由于其在图书资料的分类整理和分类检索工具的编制方面的独特作用，目前我国大多数图书馆都采用类似的方法来整理图书资料。

（一）分类法的简介

分类法具有相对固定的结构，无论是综合图书馆还是专业图书馆使用时，分类一般包括编制使用说明书、分类表、类别索引和说明书四部分。

分类表（也称为类别表）是分类法的主要部分，分为主表和辅助表两部分。主表由类别架构、简短表和详细表组成，是对知识结构的具体描述；辅助表包含几个公共子表，这些子表可以提高类表的细分程度并减少类表的长度，以供主表中相关类别常用。类别索引以主题词开头，并列出相应的分类号，以帮助分类器使用分类表工具。该工具对于搜索和索引一些较小的主题分类号很有用。分类号由纯数字或字母和数字组成，最明显的优点是可以用于多种语言。专业用户通过简洁的符号，很容易获得相应的主题知识。说明和注释是帮助用户正确使用分类法的说明，包括表前的准备说明和表中的类别注释。类别注释特定于含义、范围、与其他类别的关系等。

《美国国会图书馆图书分类法》的特点主要表现在以下几个方面。①目的明确。该分类法从开始着手编制时，就非常明确是供美国国会图书馆使用的。从分类法的类目构建到类号配置，时刻考虑到该图书馆的实际情况和具体特点。②词语新颖。该分类法选用的词语、注释等具有明显的新颖性。③类目详尽。《美国国会图书馆图书分类法》是世界上最大的一部列举式分类法，其类目比较详尽，尤其是以历史、社会科学、音乐以及医学、农学等为最。④易于扩充。该分类法不仅在大类上还有五个字母没有使用，而且在各类中留有许多空号。因此，它的易扩充性很明显。⑤有比较详细的索引。当然，该分类法也存在一定不足，诸如类属关系不很明确、缺乏通用复分表等。在发展方面，《美国国会图书馆图书分类法》目前也表现出了良好的势头，主要表现在分类法的计算机化和自动分类检索方面，如美国国会分类法分类数据的美国机读目录格式完成，用户可以通过分类号、标题、索引等多种途径进行检索。

（二）网络信息组织的分类法

随着分类法在图书馆和信息部门的广泛应用，分类法在传统的图书馆资源管理部门仍将发挥重要作用。分类法是在传统书籍和材料的基础上，通过组织网络的信息资源而发展起来的，随着数字化的快速发展和当今世界信息资源网络的建立，在数字信息资源存储和检索等方面，它将具有更多的好处和新功能。

组织数字资源信息为传统的信息组织增加了一些新功能。例如，联合建设不仅可以在信息和技术上进行交流，而且可以共享资源，在人力、物力和财力上都有自己的优势，可以相互补充，共同研究，避免重复建设。为解决资源和资金问题，数据库可以利用合作来联系和交流，并且很容易形成建立图书馆特色数据库的总体优势。可以建立很多图书馆，充分反映区域特征和主题特征的数据库。应在相互遵守各数据库之间建设基本原则的基础上建立合作关系。

描述的对象更加复杂、存储信息处于动态变化、网络交互、文件格式的多样性、信息载体的多样性和存储位置的多样性、互联网的多样化为数字资源信息组织创造了新的特征。就现阶段网络信息组织的方法来说，其中之一就是按照以往的分类方法对信息组织进行开发，还有一种就是结合网络信息的实际特征与具体的信息内容、信息量大小以及分类栏对信息组织进行开发。

1. 基于传统分类法的网络信息组织

网络信息组织的研究和应用，远远落后于网络技术、信息技术的发展，造成了网络信息组织存在很多问题，如网络信息的查全率、查难率都比较低。而图书情报学在文献分类方面已经有上百年的经验，研制出 DDC（杜威十进分类法）、UDC（国际十进分类法）等多项科学的分类法，在信息分类领域有着丰富的研究成果。就网络信息来说，一般是根据以往的分类方法实现转换，进而有助于网络信息类型划分以及最终归纳管理。使用数字技术存储各个运营商和地理位置的信息资源，以促进区域和面向对象的网络之间的协商和信息传播。它涉及处理、存储、检索、传输和使用信息资源的整个过程。从数字图书馆的角度来看，它包括收集或创建数字馆藏，用二进制图像序列替换各种文档，这些图像序列可以被计算机识别并在完善权限的处理下得到授权。该信息使用互联网发布技术来实现全球交流，数字图书馆的建立将使人们可以随时随地通过网络获得所需的信息，并将极大地促进资源的交换和使用。

2. 自编网络分类系统

许多规模大小不同的网站，也根据自己网站的特点，编制了自己的网络分类系统。这里以新浪网的爱问 iASK（简称"爱问"）的信息分类为例，介绍自编网络分类的特点。

爱问是新浪完全开发的搜索产品，采用智能交互式搜索技术，充分融合了用户友好的应用程序产品概念，并为互联网用户提供了新的搜索服务。提供的特色搜索包含以下栏目：拼音提示、错别字提示、网页快照、股票查询、英汉词典、天气预报、楼盘查询、区号查询、人物、计算器、IP 地址查询、手机号码归属地等。

爱问设置了三级类目，从以上例子可以看出，每级一般设置十几个类目。像"手机使用""手机资费""手机维修"等类目，由概念组配而成；而"无线上网""运营商"等主题也会包含到"互联网""商业经济"等类目下。

索引等也是数字图书馆的一部分，在数字图书馆中，成千上万的世界用 0 和 1 统一。不管是图书还是期刊，或者是录音带与录像带，甚至旧书和稀有的绘画等,都已从原始物理形式中消失了,只要它们具有相同的属性,就可以同时获得它们。信息组织方式使用最直接的术语,如"手机"表达这类概念。类目的设立完全依据问题的内容、是否利于理解直接设立,缺少规范性;类目的归属知识结构有时不完全科学,同类排列类目间联系不紧密,部分类目名称也不确切,所以网络信息组织仍处于发展之中,需要进行不断完善。

二、信息资源主题描述语言

(一) 与叙词表相关的一些名词术语概念

1. 检索语言

它是情报检索语言,是在文献标引与情报检索过程中所使用的一种人工语言。

2. 叙词

它是一种主题词,是在文献标引与检索中用以表达文献的主题而规范化的词。

3. 非叙词

叙词的同义词或准同义词,在叙词表中规定不能用于标引和检索,只起指引作用,指向对应叙词的词。

4. 叙词表

这是一种术语控制的工具,能够将文档和索引器以及用户本身的自然语言向标准化语言进行转化。这是不同学科之间的一种总结,是在语义以及术语的组成中构成的,能够对标准词汇进行补充,是花费了大量人力、物力、财力建设成的特色数据库。

5. 标引

依据主题分析结果对文献赋予叙词检索标识的过程。

6. 主题

文献所具体论述与研究的对象或问题。

(二) 基于网络环境下叙词表的应用

考虑到网络信息量比较大的因素,需要及时有效地对信息主体进行识别,才可以得到更多的信息资源。规范化和标准化是体现特色数据库先进性、精品化、通用性的必然要求。在现行的标准体系中,期刊文献和图书目录都有成熟的标准可供参考，但对于非规范文献信息如讲稿、会议纪要、实验报告、研讨整理材料等，想要编制专业词表、制定数据加工规范，在建库前期就应做好充分的准备。同时，随着全文搜索软件的巨大发展，简化和突出的索引编制已成为必然趋势。为此，图书馆和信息产业迫切需要创新传统的信息管理工具，便于网络资源描述和发现。在这种情况下，信息检索领域出现了一个新的概念——基于网络的信息检索。

从信息系统管理员的角度来看，如果传统的信息检索工具和技术能够应用于网络，信息可能会得到更有效管理。从用户的角度来看，要在互联网上有效地组织大量的信息，需要优秀的概念和语义工具。从概念上讲，数字图书馆可以理解为数字图书馆和数字图书馆系统两种类型，涉及两个工作内容：一是将纸质文件中的信息转换为数字文件中的电子版本；二是存储、交换和分发电子版本的文件信息。世界上许多组织对此做出了贡献，中国许多单位也积极参与数字图书馆的建设。独特的知识组织系统和词库的语义结构将在网络信息资源的组织和恢复中发挥重要作用，这也是欧美发达国家将词库应用扩展到网络环境的原因。从网络信息上看。开发人员使用 HTML（超文本标记语言）、Java、XML 等网络语言生成和编辑传统词库的网络版本，并以各种形式在线发布，试图将其整合到网络信息组织和检索的环境中，在页面索引、在线数据库和搜索引擎等领域取得了长足的进步。

下面简要介绍网络叙词表在信息检索中的应用和发展，指出我国发展网络词库的可能性和必要性。

1. 网络叙词表的应用

（1）应用于网络数据库检索系统

电子版叙词表最初是为了顺应联机数据库的应用而发展起来的，此时的叙词表通常为最简单的静态文本格式叙词表，而且叙词表多隐藏于检索系统之中，供标引人员参照，同时在检索阶段进行联机匹配。数字图书馆和传统图书馆在文档的基本公开和信息传输中的作用是相同的。从本质上讲，二者都是增值信息的排序和传输，但是在对象处理、工作程序、性能形式等方面存在很大差异。随着网络环境的不断改善，各种数据库都扩展了网络查询和检索功能，自然词库也开始向网络版本转化。其可分为以下形式：静态 HTML 格式词库，不能有效使用超文本链接；动态 HTML 格式词库，具有漫游功能的超文本链接；具有高级视觉和图形界面的词库；XML 格式词库。目前，大多数好的在线词库使用图形界面技术，可以为读者提供大量的相关参考资料和各种词库关系。

从网络叙词表与数据库检索系统的关系来看，可以将网络叙词表分为两种。一种是独立存在的，可以供多种不同的数据库使用。除将已有的文献信息资源数字化外，现在原生数字信息资源已经越来越多，尤其是学位论文、技术报告、会议记录等。

而且，现在出版业已经实现数字技术处理，图书、期刊的出版都是先有数字化版本，再生成印刷本。因此，作为信息资源主体的传统图书、期刊正在被数字图书、数字期刊所代替，原生数字资源正逐步成为数字资源的主体。

另一种则是嵌入信息检索系统中成为集成系统不可分割的一部分，如 ERIC 叙词表被银盘公司开发的"ERIC 数据库"完全采纳，用作专有词表。中国财经报刊数据库使用的主题词汇表也已嵌入数据库系统中。如今，大多数集成词汇已用于网络信息检索系统中，涵盖了多种主题、格式和语言。这些叙词表可以支持不同级别的用户恢复和导航。

（2）用于网络资源的标引和检索

同义词库可以通过两种方式应用于网络资源。一种是使用全自动方法来捕获和索引信息。就现阶段的发展来说，从搜索引擎当中获取的信息很少是通过词库形式得到恢复的。另一种是使用同义词库手动索引网络信息资源。实际上，同义词词典应用程序的范围通常是受控的文档集合和文档检索系统，因此很少有系统使用它们来手动索引和从网络检索信息资源。人们将这种利用叙词表来支持网络资源发现从而提供信息服务的模式称为信息网关。它的本质是在互联网上提供资源链接，类似于网络信息资源导航，但它比一般的信息资源导航更严格和全面。总之，通过受控主题方法浏览和使用资源是主题信息网关的主要特征。这种主题结构往往是通过使用术语表或分类法等知识组织系统来实现的，因此主题信息网关的质量取决于它使用的知识组织系统。

由于词库在知识组织和在线等方面不断发展的优势，一些主题信息网关已使用该词库对网页和站点进行索引和搜索。其中比较突出的有艺术、设计、建筑和媒介信息网点（《艺术和建筑叙词表》），瑞典的电子工程图书馆（工程信息的《EI 叙词表》），组织医学网络信息（医学主题标目《MeSH 叙词表》），社会科学信息网关等。这些主题信息网关使用叙词表对 Web 页面进行人工或自动标引，并在 Web 页面的浏览和检索过程中为用户提供更具结构化和连续性的主题路径。

在社会科学信息网关（SOSIG）中，所有网络资源都是手动收集、选择和描述的，主题索引也是手动完成的。该手动资源选择和关键字索引系统为用户提供了高质量的信息资源和更好的恢复结果。在系统的高级搜索模式下，用户可使用词库的搜索界面，用户可以通过该界面输入搜索词并浏览词汇表，同时可选择点击率较高的词、相关词。用户还可以直接向 SOSIG 目录提交搜索样式，以检索主题索引网页的内容。

2. 网络叙词表开发应用中应注意的内容

(1) 加强合作，积极探讨网络叙词表兼容之路

利用现代网络技术在互联网上发布词库并不难，所以越来越多的词库出现了。这在扩大选择范围的同时，在实现不同词库之间的兼容性方面造成了新的困难。在最初的碎片化之后，人们普遍认为高质量、易用性、兼容性等特点往往可以提高受控词汇的利用率。基于信息交换和网络交换，信息创建和交换的速度将比以往更快。现阶段，中国和新加坡以及其他国家对图书馆的共同建设和共享计划就是一个典型的例子，该计划将在中国国家图书馆和上海图书馆等创建特殊的题词、稀有书籍、家谱和其他文件的馆藏，这个例子是数字图书馆信息交换功能的实践。

为了促进网络词库兼容性的发展，一些有识之士推出了一些合作项目。例如，加州环境资源评估系统（CERES）词库合作项目的目标是生产一个综合的环境控制词库并开发相应的应用工具。一方面利用词法表生成元数据，另一方面利用词法表构建检索公式。该项目特别侧重于开发受控词库数据库和用户环境，并力求为用户提供更灵活的使用环境，包括搜索格式中使用的关键词、同义词、元数据和相关概念，提供分层信息组织作为信息发现的浏览结构，同时浏览和比较不同国家或国际标准词库中的单词，以完善索引环境信息。

知识引用图书馆是一种新的联机服务项目，它可以同时利用多叙词表工具进行跨数据库检索。用户键入一个词语以后，其将列出不同叙词表所使用的主题词，这些词都与内置于知识引用图书馆中所有叙词表的用户可使用的主题词或短语（交叉参照、相关参照、上位词或下位词、范围注释等）匹配，或与用户选择的学科专用叙词表中的主题词匹配。除了列出这些叙词表主题词，它还列出与其他叙词表的交叉参照。

数字化的图书馆领域的研究开发是体现数字图书馆理念的较好实例，能够充分利用因特网的便利条件，对信息进行公开，结合技术促进信息可获得性不断提高。该领域的绝大多数研究资料都可以通过因特网直接得到，包括许多会议论文，例如 IEEE 的早期数字图书馆会议录全文，部分可能要付费。

如此纷繁复杂的局面有时很难让人看清楚目前数字图书馆领域到底在做什么，哪些与自己正在从事的工作有关，是否可资借鉴或参考。笔者认为，不加分

析就罗列许多项目，或者对每个项目进行逐个介绍毫无意义。这些项目不仅让初入道者一头雾水，甚至资深的图书馆馆员和计算机网络专家也常常不得要领。作为"引论"，笔者希望尽可能厘清数字图书馆的发展脉络，尽可能从政策、机制、宏观管理、技术进展的意义等方面对各个项目进行分析，通过对目前数字图书馆研究课题和开发项目进行一个大致分类，帮助大家认识目前数字图书馆领域所发生的事情。

词库兼容性方面的一个新发展是具有 Web 接口的多词库管理系统项目。该项目可检索不同国家的医疗分布式数据库。叙词库管理系统的两个层次有一个网络接口：一个是检索站点，对所有需要跨叙词库搜索和浏览的人开放；另一个是叙词库的维护站点，主要用于编辑和修改词库。目前可以实现单词对齐，所有术语都有索引、分层排列，也可以选择依次上传、下载、打印和浏览。一旦上传了分层列表或单词列表，就可以自动生成其他形式的列表。当交叉叙事词汇检测到一个主题时，基于精确匹配和部分匹配标准，直接链接到搜索词和词库中的项目，实现数据库检索。词库浏览器（Thesauri 浏览器）也可以实现词库之间的交叉引用功能，它可以同时处理几个不同的、多语言的词库。

（2）迈向标准化

事实上，网络词库标准化的推广也是为了进一步实现不同词库的兼容性。由于网络词库和传统纸质词库的应用环境、显示方式和浏览方式存在根本性差异，网络词库的生成标准也与传统词库有很大的不同。经过几十年的发展和变化，纸质词库的编纂在世界上已经形成了一定的标准。但作为一种新事物，网络词库尚未有权威标准。为推进标准化网络词库的建设，美国国家信息标准协会（NISO）、美国图书馆馆藏与技术服务协会（ALCTS）以"电子词库：规划标准"为主题，主要制定了电子词库可行性的通用标准。现阶段，中国主要大学的数字图书馆基本上是一种基于服务的数字图书馆模式，即通过信息资源和负载网络的统一配置，数字信息交换在图书馆中进行。基于网络的术语词库应具有灵活的表述方式，便于索引和检索。网络词库还必须具有强大的词法转换、管理和交互操作功能。XML 和 RDF 作为网络语言，非常适合生成不同的浏览工具，因此作为首选推送。一些专家认识到，现有的网络浏览器没有充分认识到词库的重要性，因此在编译过程中忽略了词库的使用。基本组织类型是以中国国家图书馆、美国国会图书馆等传统图书馆为主体，将实物资源与数字资源有机结合，为社会创造公益性信息服务环境的复合型图书馆。此外，目前的元数据格式也几乎很少使用词库。为此，专家们呼吁大力研究在元数据领域使用术语词库的可行性。

在网络词库发展的萌芽时期，迫切需要制定标准和规范。标准应服务于所有网络控制的词库，如分类法的电子版、术语表的电子版等。标准制定应注重解决交互性问题，而不应过多考虑词库的生成和排列问题。

三、数字图书馆信息资源整合

在社会信息逐渐优化的背景下，可以利用计算机化和数据库以及网络发展，发展信息资源，就数字数据来说，主要是通过自身的独特优势，加强大众对信息资源方面的了解。政府以及企业对于数字信息的管理，已经开始向更大的区域发展。获取数字化的信息资源，推动了国民经济进一步发展，结合有关报告，现阶段已经有很多发达国家具备更多的信息，然而发展中国家还不完全具备信息资源以及知识资源，因此整合信息资源，并且对其进行获取和开发都是经济发展的重要内容。

（一）数字信息资源的概念

在这里，数字信息资源是一个广义的概念，指的是在经过人们整理和组织并通过计算机网络进行传输之后，用户可以使用的信息资源的总和。分类功能、内容查询和导向工具均可用于多媒体数据，使用自然语言的自由文本查询支持多种语言，查询工具使用户的查询更优化，图像查询可根据颜色、形态、纹理和位置对图像内容进行查询。数字信息资源包括在线出版物（如电子杂志、电子报纸、电子书、在线数据库等）以及各种数字和在线信息。

1. 数字信息资源类型

数字信息资源可大致分为两类，一类是网络传播的信息资源，另一类是将文本文献进行数字化后形成的信息资源，并可在局域或广域网上传播和利用。

大众运用的数字信息资源一般是指文本信息，属于基础性的媒体形式，也指全文类型，如报纸以及期刊等。事件类型，例如区域或城市介绍、工程数据和记录、公司和机构目录、指南、词典、百科全书、手册、参考工具等。数值类型，例如，一些统计数据、产品或产品的规格和价格等。信息资源来源需要重点考虑，通常将信息资源划分成政府和研究机构等领域内的资源。

互联网上的丰富信息资源为数字图书馆信息资源的集成提供了丰富的内容。本书根据传统的文献划分方法，将数字信息分为零级信息、一级信息、二级信息、三级信息和其他等级信息，并讨论了根据这种信息资源进行重组和整合的理论和方法。

2. 数字信息资源的特点

这是经济资源的一种，数字化的信息资源具备了经济资源的所有特征，也就是可用性和稀缺性以及选择性，具备独有的特征。

（1）数量巨大

网络上的信息资源量很大，内容丰富，信息增长迅速。例如，中国学术期刊网络有时每天会增加 5000 多篇新文章。作为一种新的信息介质，它不仅信息量大，传输方便，而且不受时间和空间的限制，可以共享。计算机的硬件技术逐渐发展，尤其是光盘技术等都推动了网络化发展，计算机信息处理水平逐渐提升，相关技术已经开始应用，获取了非常丰富的网络化的信息资源。

（2）类型多样

互联网内容非常多，可以说所有的学科都在其中，所有的领域都在其中，包括文本、图像、声音、软件、数据库等。不仅有公开出版的书籍和报纸，而且有会议论文、内部材料，这些内容不是在互联网上公开发布的。此外，还有一些资源，例如，电子出版物、专业文档数据库和数字图书馆。

（3）结构复杂

网络化的信息资源一直在服务器上存储，就信息资源组织以及管理来说，缺乏统一标准。不同的服务器使用不同的操作系统和数据结构，有些使用字符界面，有些使用图形界面；有些使用菜单，有些使用超文本。从上面可以看出，它基本上处于混乱状态。如今，许多服务器通过中间件（如 CGI[①]）连接到其他数据库，这使它们的管理和使用变得更加复杂。

（4）质量不等

网络信息资源具有不同的层次和用途，包括科学研究报告和流行的阅读材料，处理过的信息和混乱的原始信息，以及具有较高参考价值的信息，它也可能与无用的"信息垃圾"甚至是很多有害信息混合在一起。信息使用价值差异很大，质量参差不齐，相互交织，给用户选择使用带来不便。

（5）用户需求丰富多样

网络由于丰富的信息资源和方便的特点吸引了许多用户。用户群体及其信息需求呈现出多样性，并且用户信息需求变化的频率正在加快；用户需求变得更加个性化，某些用户需求变得更加专业。

（6）动态性强

[①] 公关网接口。

网络化的信息资源具有动态性。几乎所有的服务器都发生了改变，新网站层出不穷，还有很多网站都已经被合并在一起，有些被取消了。因此，网络信息更新快速，并且网页的添加、删除和更新频繁发生。互联网已经改变了文档处理和信息获取方式。由于更新网站的周期缩短，相关内容处于动态变化中，用户可以在互联网上获取有关某个主题或科学研究的最新信息，还可以检索最近发布的文档。一些在线电子杂志的发布速度甚至比印刷版更快，并且可能会在印刷刊物进入市场之前与读者见面。

（7）混杂无序

缺少主管当局进行集中的领导和管理。

（8）共享性强

数字化的网络化的信息资源已经从以往的文档信息局限性中突破出来，以往的文档信息方面的资源能够实现多人连续复制，而经数字化、网络化的信息资源实现了网络传输，进而使文档信息在使用过程中不受到任何限制，所有的用户都可以使用这一资源。

（9）关联程度高

以往文献信息资源缺乏相关性，而网络信息资源则不同。用户可以使用超文本技术，通过超链接形成三维网络连接，可以通过节点连接有关各个国家、各服务器、各种网页和各种文章的相关信息。用户可直接查阅引用的原始文件。

网络化的信息资源具有比较明显的灵活性，开发以及利用很难。这一类型的信息资源很难得到平衡分配以及流通，很难实现信息价值。所有的信息都会自动发展为"资源"以及"财富"，但是在现实生活中，网络化的信息资源无法发挥这种作用，人们不会多次使用它。主要原因是通常生活当中并不具备网络化的信息资源集成环境，进而导致网络信息化的资源很难对自身的效果进行充分发挥。所以，应对网络化的信息资源进行整合，只有这样，才可以对信息进行应用，实现信息资源价值的有效发挥。

（二）数字信息资源整合研究和发展

1. 国内外数字信息资源整合概念的若干观点

国内外对集成数字信息资源的概念的研究非常有限，没有统一的明确定义。国内外的专家学者从不同的角度提出了自己的看法。

加尔布雷思提出了整合组织。关于信息资源的整合，到目前为止没有权威的解释。这是一个系统工程。集成可以产生所有组件都没有的新特性、新功能、新效果和新优势。

数字信息资源具有各种标题，如"电子信息资源""网络信息资源""在线信息资源""互联网资源"等。另外，它来自对"集成"这一概念的理解。

2. 数字信息资源整合演绎过程

数字信息资源整合是信息化发展大势所趋，是在一定组织的领导下，实现信息的最佳化、有序化、同一化、共享化，优化数字信息资源配置，并且对这一领域进行拓展和管理。

（1）最佳化

在全球网络逐渐发展和数字信息资源增加的背景下实施最佳化。不管获取信息的资金是否充足，所有的信息组织都难以对信息资源进行收集，所以，对于馆藏信息的优化是非常重要的，对信息资源进行选择以及重新整合都是非常重要的。

（2）有序化

有序化是信息管理的核心。网络环境中，信息资源的开发和使用中的局部秩序与全局混乱之间的矛盾，或者说组织内部的秩序与整个互联网的混乱之间的矛盾更加突出。信息资源的可用性需求对于提高信息价值来说非常重要。数字信息资源整合需要对大量无序的信息进行有序化处理，是信息有序化在更大范畴的延续。

（3）同一化

同一化是在标准化基础上进行的。国际标准化组织为此做出极大努力，各种网络资源管理标准与规范为世界范围进行信息交流与共享提供了便利。人们可以通过信息技术实现信息快速、有序流动，进而实现信息快捷、便利开发利用。

（4）共享化

数字信息资源和以往的资源间存在很大的差异，有助于降低生产成本，吸引更多用户，价值较大。数字信息资源不受使用次数的限制，不会因使用而被破坏，并且可以被多个用户同时使用。

3. 数字图书馆网络信息资源管理存在的问题

随着网络技术的飞速发展，信息资源的数量急剧增加，信息资源变得越来越复杂，数字信息的类型越来越多，基础构成数据变得越来越复杂，全文信息的比例也逐渐增加。

现阶段数字图书馆网络信息管理存在的主要问题包括以下几点。一是内容方面的重叠，对用户的具体选择以及访问产生直接影响；二是存在冗余信息，对用户访问造成干扰；三是在知识方面的相关度比较低，目前的数据资源体系当中很多对象都具有孤立性，很难反映知识之间存在的联系；四是当前数字资源和主要数字资源之间缺乏联系，使用户难以获得全文。不难看出，传统模型一方面解决问题，另一方面创建信息孤岛。一方面，各个级别的管理部门缺乏基本数据库中的信息渠道和更新渠道；另一方面，大量的真实的第一手数据尚未得到充分有效利用。这种情况不仅妨碍人们投资建设，使通信和应用程序收集系统无法正常工作，还限制了应用程序进一步开发。所以，应对信息整合高度重视，这是促进行业内信息质量提高的有效途径。

4. 数字图书馆信息资源整合的意义

数字化信息资源的创建对于数字图书馆的建立来说非常重要，计算机技术和网络技术等新的技术实现了不断发展，能够在信息资源处理中应用和组织信息资源。

网络环境领域内，数字化的图书馆信息资源已经实现了数量、结构、分布以及传输范围等方面的突破，和以往的信息资源之间存在一定的不同。信息资源以及管理目标具有多样性的特征，所以，创建数字化的图书馆是比较重要的。

（1）信息资源整合是信息服务的基础

网络环境领域中，图书馆的价值非常明显，处于核心位置，需要在服务框架中对图书馆进行管理。网络化的信息资源开发对于图书馆的发展来说非常重要。对图书馆的网络资源进行综合管理需要通过科学的方法对其中的信息进行挖掘，并对当中的信息进行一定整合，进而使其与社会发展所需相符。

（2）可最大限度满足读者信息需求

信息网络使用户信息环境发生改变，并且能够决定怎样符合用户在信息方面的需求和信息交换的需求，主要有以下几方面特征。一是社会化的需求：用户在社会化的互动范围对信息进行扩展以及交换，继而使得用户的需求模式有一定的改变，互联网与局域网将更多的客观环境提供给用户，以满足用户在信息方面的需求，使得信息需求朝着社会化的方向发展。二是需求方面的集成化所需：用户开始需要具有完整性的信息，主要体现在信息空间和领域以及内容多样性上。三是需求类型的多样化：用户期望获得各种类型的信息。如果按数据库类型划分，则在线信息主要包括全文一级文献数据库、书目、索引、摘要型二级文献数据库、三级文献数据库、参考访问事实和数值数据、动态实时数据库等。四是用户类型的多样化：用户的需求和对信息的使用似乎是频繁和多样化的，并且信息用户群得到了前所未有的扩展。与以前相比，网络环境中的图书馆用户发生了重大变化。各行各业、不同年龄段的人们成为图书馆用户，并且用户类型呈多种特征。五是需求的整合：以往的用户信息的获取方法所得到的效率都是比较低的，同时，产生较大的劳动强度，很难在网络环境的基础上满足用户在信息方面的需求。可以说，网络化的环境实现了用户信息资源获取方式的转变，也就是从网络中对不同的信息方法进行集成，进而使得信息之间可以有效交换。六是需要定制：用户可以根据自己的目的和需要，在特定的在线服务功能和方式下设置自己的在线信息源、表达方式等。七是高效化的信息需求：对于用户信息处理模式进行优化，确保信息服务的高效性，与此同时，网络化的组织以及交付方式已经发生了一定的改变，并且使得用户开始选择新的技术对信息进行一定处理，以满足自身所需。

（3）消除信息孤岛，实现最大限度资源共享

建立数字化的图书馆主要目的在于从信息用户本身着手，并且突破信息资源所在的地理以及时间方面的局限，对信息孤岛进行一定的消除，构建协调一致的信息体系。资源集成可实现在不同的文档资源之间进行通信，最大限度地提高知识系统的完整性，使用户能够获得高质量的信息资源。统一的用户界面，有助于提高搜索效率和资源利用率。信息代理和信息推送功能、分类元数据管理功能，有助于按照集成原则的要求规范开发数字资源和生产数字产品，方便图书馆进行数字统计，实时指导各种图书馆链接操作。

第三章 数字馆藏存储技术

第一节 数字馆藏存储技术简介

一、数字馆藏存储

在互联网时代,信息资源呈指数增长,导致通过网络传输的信息量持续增长,并且必须以数字方式存储大量信息。数字化图书馆构建需要在具有可读性以及可用性的数字化的信息资源基础上实施。信息资源所包括的数据种类也非常多,即文本、图像与多媒体方面的信息,如语音与视频。明确存储方法对数字图书馆有效组织、存储、管理数据是非常重要的。因此,数字图书馆应高度重视具有良好结构和可集中存储的存储平台。

(一)数字馆藏存储概述

在计算机的应用程序逐渐发展的背景下,传统图书馆需要向数字化的图书馆转变。

在数字图书馆的建立过程中,更重要的是建立电子信息服务系统,具体包括将数据数字化、管理大量的存储数据,以及对数据库的期刊全文进行管理。随着存储数据量快速增长,数字图书馆迫切需要实用、安全、可靠、经济、灵活的数据存储解决方案。

设计存储解决方案的过程中,需要注重不同协议下的网络化支持和网络兼容性。应对存储系统的网络进行统一分析以及规划,同时,选择具有开放性的网络架构、技术以及用户界面,使存储系统可以在必要时得到更新。选择服务器和存储设备时,必须注重产品支持方面的国际标准化。

存储系统的维护能力和可管理性在正常的存储网络运行中显得更为重要。因此,在选择存储网络方案时,必须通过不同的技术方法对网络平台进行维护。在这一过程中,应运用比较多的技术,把核心模块向网络设备转移,在确保系统网络正常运行的基础上,实施智能化集中管理。

（二）数字图书馆建设中的海量存储问题

数字图书馆的信息量将是令人生畏的。因此，如何存储海量数据是数字图书馆面临的关键问题之一。

换句话说，一个好的存储方案需要具有实际可用性、可管理性以及安全性等。

（1）实际可用性

可用性对于方案的实施来说非常重要，在设计过程中需要考虑硬件、软件，还有网络环境与另外的技术条件等。

（2）可管理性

随着数字图书馆建设的不断推进，图书馆存储设备的数量不断增加，加上有些图书馆有多个分支，这些设备可能在不同的位置，如何方便、快速地管理这些设备成为一个问题。

（3）安全性

存储管理平台的安全性需要展现不同级别，如数据化的传输和信息化的周期管理等。

数字图书馆需要选择比较先进的技术以及管理软件，同时，选择具有统一化的管理机制，进而保障备份以及数据之间的交换，对管理功能以及备份功能进行保障。

可扩展性存储系统需要先进的技术来促进整个系统无缝升级。在数字图书馆中，信息资源正在爆炸式增长，设计存储解决方案时必须考虑到这一点。

此外，数字图书馆建设时应遵循统一原则，系统涉及多个软硬件子系统。条件允许时，可尝试使用同一厂家或同一项目集成商进行未来的项目拓展和升级管理。

二、当前主流存储技术

在图书馆信息量不断增加的情况下，存储规模不断增大。同时，信息测量单位发生了一定程度的变化，实现了许多转变。要想实现对更多的信息进行存储，不但需要对大存储容量进行调整升级，同时，还必须对所有的数据库进行整理，可以说这是硬件随时读取的标志。

（一）DAS（Direct Attached Storage，直接连接存储）

DAS没有单独的存储操作系统，无法提供跨平台的文件共享服务，所有系统中的文件需要单独存储。管理软件一旦丢失，必须在第三方软件的基础上进行数据管理。

其优点是初始投资少，缺点是后期维护成本较高，总体成本（TCO）较高。随着应用服务器的不断增多，网络系统的效率将大大降低。

（二）NAS（Network Attached Storage，网络连接存储）

NAS 是在 LAN（局域网）基础上的一种存储方法，能够按照 TCP（传输控制协议）实施通信，通过文件模式对数据信息进行传输，和 DAS 相比，NAS 能够在异构平台进行有效交换。NAS 的存储设备不能对程序服务进行应用，具备独立的 CPU（中央处理器）和内存与主板，选择的是针对性操作系统，即文件管理系统（FS），它可以直接整合到硬件中。NAS 存储设备本身与文件服务器没有太大区别。

在 NAS 系统上客户端、服务器和存储设备之间的数据访问如下：第一，客户端向服务器发送连接请求；第二，确认服务器发送到客户端后，文件目录存储在存储设备中；第三，通过服务器监视客户端数据请求；第四，数据访问请求命令从客户端发送；第五，文件地址信息从服务器返回；第六，客户端向目标存储设备发送连接请求；第七，目标存储设备确认后，客户端读写命令，等待接收数据；第八，目标存储设备将数据发送给客户端，结束后等待下一次读写请求。

（三）SAN（Storage Area Network，存储区域网络）

SAN 是处于原始局域网以外的一种网络，与此同时，对于针对性的存储网络结构进行创建。这一存储网络能够作为高速子网存在和应用，子网设备能够在主网络中对流量进行下载。SAN 结构的目的在于存储数据，选择具有灵活性的网络结构，利用高传输速度连接光纤通道，选择以往的 SCSI（小型计算机系统接口）协议对数据进行传输。

但 SAN 也有许多缺点。第一，建设成本高；第二，SAN 互操作性差，其他应用程序难以访问该区域，难以应用于大量现有的文件共享服务。此外，SAN 的建设是困难的，还需要具有良好专业知识的人员对其进行管理。

三、与存储相关的接口技术

（一）SCSI（小型计算机系统接口）技术

它最初于 1979 年被开发出来，是为小型计算机开发的接口技术。但是，随着计算机技术的发展，现在其已经被完全移植到了普通的微型计算机中。SCSI

已经广泛应用于硬盘驱动器中，同时，在光盘驱动器和扫描仪等中都得到了有效的应用。由于它的传输速率比其他标准接口更快，它通常用于性能较好的计算机、工作站和服务器，作为硬盘驱动器和其他存储设备的接口。

（二）RAID 技术

RAID（独立磁盘冗余阵列）指由多个硬盘组成、并列运行的磁盘阵列系统，可以提高数据访问的速度和安全性。RAID 可分为多个级别，通常为 RAID0、RAID1、RAID0+1、RAID5 等。大多数已建立或正在建设的数字图书馆都有磁盘阵列中的数字集合，并且用户可以通过服务器方便地访问磁盘阵列中的数据。

RAID 是一种快速存储和共享数据技术，其目的是防止数据丢失，并对每个磁盘驱动器执行独立操作。

（三）光纤通道技术

光纤通道（Fiber Channel，FC）是目前广泛应用于存储行业的领先连接技术。其结合千兆网络技术和 I/O（输入/输出）通道技术，形成单一的集成技术体系。采用单根光纤连接网络节点，光纤通道可连接 10 公里，而 SCSI 只能扩展 25 米。虽然光纤通道不是 SAN 的必要组成部分，但由于光纤通道的技术优势，大多数 SAN 在实际应用中使用光纤通道实现连接。

第二节 基于 SAN 和 NAS 技术的数字图书馆存储网络架构

在具有复杂信息的互联网中，用户需要花费大量的时间搜索所需的信息资源。在获取信息时，用户还需要识别和优化对他们有用的资源，这不是一件容易的事。而数字图书馆改变了这一切。它是一个巨大的数字资源库，几乎所有的用户都能在其中找到令自己满意的答案。然而，数字图书馆需要快速的数据访问和优秀的数据存储解决方案，作为大量用户访问数据和海量数据存储的备份。使用现有的存储设备和存储方法显然不符合这一要求。因此，采用新的存储技术设计数字图书馆存储网络已成为解决存储问题的关键。

一、NAS 和 SAN 技术的比较

NAS 和 SAN 技术有很多相似的地方，但各有优势，同时各自存在一些缺陷。通过对 NAS 和 SAN 技术进行比较，人们能够建立更深的认识。

(一) NAS 和 SAN 的共性

数据处理与存储分离，存储设备不再附着在服务器上；存储资源集中管理；不同操作系统的多个用户可同时访问共享数据；易于扩展，可以方便地添加存储设备。

(二) NAS 和 SAN 的区别

虽然 NAS 技术和 SAN 技术之间存在很多相同的地方，但两者依然存在较大的区别，如表 3-1 所示。

表 3-1 NAS 和 SAN 的区别

	NAS	SAN
协议	直接连接到传统网络中，依靠 TCP/IP（传输控制/互联）协议	使用专用的光纤通道协议
数据传输	数据的传输都是在 LAN（局域网）中进行，数据传输受到 LAN 带宽的限制	数据传输速度比 NAS 要快得多，而且数据传输不占用 LAN 资源
共享数据	因为 NAS 系统面向文件，采用 CTFS（连续时间傅立叶级数）/NFS（网络文件系统）共享协议，所以不支持数据库服务	共享存储设备器，因为 SAN 存储是面向数据块的，支持数据库服务
异构问题	因为是面向文件级的共享，在异构环境中能直接实现数据的共享	因为是面向设备级的共享，想实现异构环境中数据共享比较复杂
扩展性能	扩展性能不如 SAN 好	可以无限扩容
备份和恢复	备份会占用 LAN 资源，影响 LAN 正常运行	备份通过专用的网络进行，速度快，不会占用 LAN 资源
安全问题	直接连接在传统的以太网中，容易受到攻击	使用专用的协议——FCP（网状信道和网状信道协议），不易受到网络攻击
系统成本	费用较低	费用昂贵

通过比较可以得出，在数据传输、备份和恢复以及扩展性能等方面，SAN 都

要优于 NAS，但是在共享数据方面，由于 SAN 是面向设备级的，对于异构环境下的数据共享处理起来要更为复杂。

因此，我们渴望在文件和设备之间建立桥梁。这样就可以像在 NAS 系统中一样在 SAN 中将文件级共享和管理用于数据块存储，从而可以充分利用 SAN 和 NAS 技术的优势。

二、结合 NAS 和 SAN 技术的存储模型

（一）NAS 系统数据访问模式

由于文件系统是 NAS 设备上的文件服务器提供的，在通过网络传输数据之前，必须由文件服务器对数据进行处理。文件服务器必须首先确定数据访问文件格式，如 Windows（微软操作系统）或 UNIX（尤尼克斯操作系统），然后根据相应的文件格式将各种数据块合并到文件中，通过局域网进行访问。

（二）SAN 系统数据访问模式

文件系统不是作为 SAN 中的 NAS 系统嵌入（文件服务器）系统中，而是由前端服务器提供。在后端 SAN 中，是数据块而不是文件级数据被传输。因此，存储设备在传输数据时不需要考虑数据的文件格式。对于异构平台，由于其不支持文件级服务，不同的操作系统只能访问支持系统的存储设备，不同系统上的分区不能相互访问。

（三）SAN-NAS 模型

为了充分利用 SAN 中的 NAS 系统，必须结合使用 SAN 和 NAS 技术来设计一套 SAN 和 NAS 集成解决方案（即 SAN-NAS 系统）。

在 SAN 和 NAS 聚合模型中，可以在 SAN 网络中高速传输数据块，这保留了 SAN 系统中的大量 I/O 传输。对于文件级数据访问，它连接到 SAN 交换机，继承了 NAS 系统上异构平台的数据交换特性。

在 SAN 和 NAS 融合模型中，SAN 系统提供了一种访问数据块的方法，并且 NAS 引擎在文件级服务中效率更高。NAS 引擎系统为存储资源提供了一种简单而发达的文件访问协议。此方法依赖于 NAS 系统上的文件级缓存，因此可以缩短响应时间和提高数据处理速度。许多较旧的服务器都有 I/O 瓶颈，只需将光纤 HBA（主机总线适配器）卡添加到共享的 PCI（外围组件互连）总线上并将其连接到 SAN，它提供的 I/O 功能非常有限，而且，许多较旧的服务器根本不支持 SAN 接口。

NAS 引擎是为不同的系统提供共享的 SAN 存储资源的有效方法。在 SAN-NAS 系统中，由于服务器存储资源分离，SAN 技术和 NAS 技术的特性和功能很好地结合在一起，提供了一个平衡数据 I/O 的系统，具有最高的效率。

三、数字图书馆存储网络结构模型

（一）数字图书馆的 SAN-NAS 系统

SAN-NAS 系统解决了数字图书馆中数据的海量存储问题，并解决了单纯使用 SAN 技术或存储技术引起的存储管理和数据备份问题。NAS 建立数字图书馆存储网络。SAN-NAS 系统利用 SAN 技术来处理大型数据块操作，利用 NAS 引擎弥补了 SAN 系统中缺少文件级数据访问的不足。通过 SAN-NAS 聚合，使用户在使用文件共享功能时，可以无意识地享受 SAN 的高性能和高容量。由于 NAS 系统有自己的文件系统，所有文件级信息都可以通过 NAS 引擎直接提供给客户端，而不占用服务器的 CPU 资源，使整体系统容量大幅提升。只要在线上有一台计算机，用户就可以检索全局信息资源，隐藏信息的位置无关紧要。互联网的信息传输使数字图书馆能够超越时空的概念，并涵盖所收集信息的区域，因此任何用户都可以随时查询世界上任何地方的任何开放数字图书馆，而无须咨询图书馆。

（二）SAN-NAS 系统的管理

SAN-NAS 系统的管理分为带内管理和带外管理。设备与管理设备的工作站之间的信息通信是使用 SES（简单电子邮件服务），SCSI 协议在 FC 上传输，称为带内管理。网络的连接，使用户不再受时空的限制，而可通过发 E-mail、BBS（网络论坛），方便快捷地实现与他人沟通交流。

带外管理通过使用外部以太网、RS-232（串行接口标准）和其他接口来分隔 FC 管理数据。通过以太网进行的带外管理使用 SNMP（简单网络管理协议）以及基于 TELNET 和 HTTP 的 Web 浏览器设备。

（三）SAN-NAS 系统的数据备份

传统备份存在以下问题。

第一，传统备份是主备份服务器接受来自其他服务器的数据，这些数据需要通过网络进行备份，这是传统备份的基础。备份是基于文件系统的文件输出。对于稀疏文件备份（如电子邮件）而言，传统备份具有致命的弱点。稀疏文件的备份将比普通备份花费更多的时间，因为系统将需要很长的时间来恢复它们。第二，（连接在服务器上的）客户机使用的备份主机机制严重影响了应用程序网络的性能，数据备份的通过大大降低应用程序系统的处理效率。该网络不同于当今的计算机网络。当今的计算机网络可以在应用程序级别实现连接，在消除信息孤岛和实现信息资源的智能交换方面取得了较大进步，网格技术的全面应用可以大大提高数字图书馆资源的使用效率，网络连接到主备份服务器，在此模型下，备份系统已成为应用程序系统的限制因素。

SAN-NAS 备份系统为该系统注入了新的活力，主要体现在以下两个方面。

一是通过光纤通道存储网络系统将磁带库和光盘库系统连接到磁盘阵列数据系统，然后连接到服务器系统。

在这种结构中，所有服务器都与磁盘阵列和磁盘库系统形成共享结构，因此它们具有对每个服务器的数据系统直接在磁盘库中执行备份的能力。这种共享允许使用光纤信道系统高速传输 100 Mb/s 的数据。当然，仅仅建立共享结构是不够的，因为每个服务器系统的直接备份都会导致服务器之间的冲突。因此，需要拥有支持共享功能的存储备份软件，无须局域网直接备份数据。

二是数据系统的备份，类似于对分散在电子邮件系统中的大量文件进行备份。光纤高速备份网络不够，还需要相关辅助软件解决文件备份机制问题，目前国际上已有成功的解决办法。

第三节　数字图书馆信息安全保障体系

一、数字图书馆信息安全技术和管理体系

（一）数字图书馆信息安全技术体系

由于数字图书馆的存储对象和技术领域远远超出了传统图书馆的范围，其安全性需要大量的技术进步来保证。目前，国外较成熟的安全技术包括密码学理论、安全协议理论和技术以及信息对抗理论和技术。我国在安全产品的开发方面相对成熟，它们为解决数字图书馆信息安全问题提供了一定的支持。

从国际角度来看，传统安全技术（如安全身份演示技术、主机入侵检测技术等）的应用取得了进展。我国数字图书馆逐渐采用国内外一些先进的安全技术来解决安全问题，但这些技术大多数只适用于有限数量的安全威胁。在某些情况下，有效的二次攻击很少，特别是针对数字图书馆的。

从技术角度考虑安全因素，需要通过全面集成、二次开发和其他方式来形成基于技术的信息安全保证系统。

1. 数字图书馆信息安全技术层次划分

信息安全包括三个层次,即物理安全层、软件安全层和数据安全层,分别对应物理安全技术、操作安全技术和技术系统数据安全技术。数字图书馆的信息安全在物理安全、操作安全和数据安全方面是不同的。针对不同的安全需求,必须运用相关技术建设应用设施,支持信息安全。

2. 数字图书馆信息安全关键技术介绍

(1) 防护技术

防护技术主要包括访者身份认证、访问权限控制和内容安全保护。防护技术可以增加攻击者入侵所需的时间、成本和资源,以降低攻击风险,达到安全防护的目的。

①抗病毒技术。抗病毒技术主要包括计算机病毒预警技术、已知病毒识别技术、动态病毒清除和过滤技术。通过计算机病毒识别、预警和预防等功能,形成网络化、集中管理的多层病毒预防体系,防止各类病毒对图书资源进行破坏。

②信息过滤技术。信息过滤技术通常分为内容过滤技术和协同过滤技术。内容过滤技术通常防止在线错误信息,包括基于 URL 的站点过滤技术、基于内容关键字的过滤技术、基于 URL 内容关键字的过滤技术、基于图像识别的过滤技术、各种技术相结合的过滤技术。

(2) 检测技术

由于信息系统的复杂性,防护技术只能试图降低攻击的成功率或延长攻击过程。系统漏洞的存在是不可避免的,可引入检测技术弥补漏洞。

①入侵检测技术。入侵检测技术是一种保护网络和系统安全的主动技术,收集和分析来自计算机系统或网络的数据,查看是否存在违反安全策略和攻击网络或主机系统的迹象,并采取适当措施。

②内容审核技术。内容审核技术通常捕获旁路控制段中的数据流,通过协议分析、模式匹配等技术手段对网络数据流进行审核,通常采用多层分布式体系结构,并提供数据检索功能和智能统计分析功能。

(3) 应急响应技术

百密必有一疏,各种保护和检测也会有较小的漏洞。这些小漏洞会破坏信息安全,因此必须及时完善。应急响应技术包括控制阻塞技术和隔离技术。控制阻塞技术可分为基于 IP 地址的阻塞技术、基于内容的阻塞技术以及基于对象的阻塞技术。

（4）备份恢复技术

一般备份软件主要分两大类。

一是操作系统的每个制造商都连接到该软件，例如 NetWare（一种网络操作系统）的"Backup"功能等。

二是专业备份软件提供商提供的全面的专业备份软件。

3. 数字图书馆信息安全技术整合与集成

运用科学技术是解决信息安全问题的关键。而简单堆叠或单独使用各种技术产品并不能完全保证数字图书馆的安全性。因此，建议采用技术整合的方式，使各项技术相互补充，实现技术的最佳组合，构建数字图书馆信息安全应用系统，最大限度地发挥其作用，真正提高技术水平和信息安全系数。

4. 信息安全产品二次开发举例

数字图书馆是国家信息基础设施的一部分。目前，国内外已开发出多种类型的信息安全产品。应用先进的信息安全产品构建数字图书馆信息安全系统，提高其信息安全系数的重要的方法是以特定的方式进行合理二次开发。

（1）SOC（安全运营中心）和 UTM（统一威胁管理）的基本内涵

安全运营中心是一个典型的组合技术平台，与传统的安全管理方法有很大的不同。它将对不同位置和不同资产（主机、网络设备、安全设备等）中分散且庞大的安全信息分析进行汇总、过滤和关联，基于威胁和风险管理形成统一级别的威胁和风险管理。库和工作流将驱动对威胁和风险的响应和管理。

IDC（互联网数据中心）首先提出将防病毒、入侵检测和防火墙安全设备命名为具有综合功能的 UTM 系统平台。将多个安全功能集成到一个硬件设备中。建立规范统一的管理平台。

UTM 固有的功能包括网络防火墙、网络入侵检测、防御和网关防病毒。UTM 降低了应用程序的复杂性，避免了安装软件的工作量，增加了服务器，减少了维护工作量。此外，它可以与高端软件解决方案一起使用，减少了复杂的操作和简化了故障排除过程。

（2）SOC 和 UTM 在数字图书馆信息安全中的具体应用

第一，实现数字图书馆安全整合和关联。

基于 SOC 和 UTM 的数字图书馆安全管理系统可以集成多个安全事件，并以统一的格式向图书馆管理机构报告数字图书馆安全事件。通过事件关联，数字图书馆安全管理系统可以找到与特定攻击相关的关键事件，了解其造成的实际风险，从而节省传统检查和分析大量信息所花费的时间，记录和缩短实际安全事件延时响应，这也是获得安全防护的最佳时机。

第二，实现数字图书馆信息安全实时监控。

通过对安全事件等因素的整合、关联和处理，SOC 和 UTM 可以实时计算当前风险，即数字图书馆系统和数字图书馆网络的风险。对数字图书馆应用中的风险进行定量分析，并以图形的方式表达，使数字图书馆管理者能够在最短的时间内感知风险，发现图书馆系统的数量、存在的差距，分析数字图书馆的网络问题，提出并分析安全运营组织体系的建设与安全建议，打破传统数字图书馆安全服务涉及的静态风险评估体系。实时高性能是数字图书馆安全管理技术的进步。

第三，实现数字图书馆安全动态响应。

优化的安全策略分析：通过 SOC 和 UTM 的安全监视功能，数字图书馆部门可以了解自身安全状况、网络系统以及各个级别应用程序的处理状态。SOC 和 UTM 可以进行实时安全保护，并可以生成自定义的正常和非法自定义安全策略报告，然后直接通知管理员或制造商以及相应的数字图书馆以优化和调整自己的策略。

动态响应策略调整。SOC 和 UTM 可以通过自己对国家和国外标准安全响应协议（如 SNMP、握手）的支持，自动与相关安全保护技术实现互动，并通过安全运营中心专家知识库从全局的角度对数字图书馆系统中的安全事件做出响应，解决错误的安全问题。

5. 数字图书馆信息安全技术体系框架

数字图书馆信息安全技术系统从技术角度考虑安全因素，并通过全面、综合的技术战略为信息安全保障系统创建框架。

（1）技术整合管理策略

集成是一种系统的思维方式。通过组织和协调，公司内部的职能彼此分离，并整合了参与共同使命且在客户服务系统中具有独立经济利益的外部合作伙伴，从而产生了更好的效果。

管理策略能有效评估面临的威胁，确定需要的安全服务类型，考虑技术可行性，选择并整合合适的安全技术，形成完善的安全体系。

先进的信息安全技术是系统安全的根本保证。在技术应用层面，技术集成是优化技术效用的决策，应根据组织的需要重新分配相关资源，找到资源配置的最佳组合，突出组织的竞争力。

（2）技术体系框架简介

该框架由技术资源支持，以"技术集成管理战略"为指导核心，整合各种技术，使其相互补充、相互作用，构建动态数字信息安全应用系统，提高信息安全系数。

（二）数字图书馆信息安全管理体系

数字图书馆信息的安全性不仅取决于技术，还取决于管理。有人说，信息安全"三分靠技术，七分靠管理"，尽管这种说法不是很准确，但却指出了数字图书馆中信息安全管理的重要性。

数字图书馆信息安全管理系统是有效实施数字图书馆信息安全各个方面的重要保证。

安全管理的主体基本上由安全决策组织、人员安全管理组织、团队安全管理组织和技术安全管理组织组成。根据不同安全要求实施的管理方法必须由相应的管理机构执行。

安全管理的具体实施取决于管理资源的支持，包括管理人才、管理资金和管理技术等。

二、数字图书馆信息安全标准、法律法规

安全技术和安全管理是信息安全的基础。相同的标准和法律法规是数字图书馆采用的安全技术和安全管理的法律保障，体现了高科技法规的特点。这是对信息安全的强制性限制，包括与数字图书馆信息安全有关的各种技术安全标准和安全法律法规。建设完善的信息安全标准、法律法规是为信息安全提供良好的系统软环境。

（一）信息安全标准

信息安全标准是指在确保设计中信息安全的产品和系统的一致性、可靠性、可控性、进步性和合规性的技术规范和技术基础。与信息安全标准有关的主要组织有 ISO（国际标准化组织）、IEC（国际电工委员会），是全球标准组织，各个国家的相关标准组织是其成员。

目前国际上通行的信息安全标准如下。

1. 事实标准

这些标准通常是指在自发选择过程之后采用的算法和协议，例如 DES（数据加密标准）、3DES（三重数据加密算法）、IDEA（国防数据加密算法）、AES

(高级加密标准)；IP Sec VPN①；SSL 传输层加密标准；S-MIME 标准安全电子邮件。

2. 信息技术与信息管理标准

信息系统软件过程评价：为软件过程评价提供框架。任何组织都可以使用它来设计、管理、监督、控制软件，并改进访问、供应、开发、操作、更新和支持模块。同时，它提供一种结构化软件过程评估方法。

3. 我国采用的信息安全标准

中国主要采用接近国际标准的方法。我国选择易于使用的浏览器和超文本、接口技术、跨平台和语言的统一恢复接口，用户无须知道他们要查找的信息在网络上的存储位置，也不需要掌握许多操作命令，就可以了解和学习并且掌握。

国家质量技术监督局发布了《计算机信息系统安全保护等级划分准则》。该准则将信息系统安全划分为五个等级，包括用户自主保护级、系统审计保护级、安全标记保护级、结构化保护级和访问验证保护级。在已有准则的基础上，还必须建立与数字图书馆信息资源安全有关的标准和法律法规，以有效地保护信息资源。

(二) 信息安全法律法规

指基于信息安全和社会现实技术标准的法律规定，是宏观、科学、严谨、强制性和公正的。其目的是明确责任，惩治违法犯罪，保护国家、企业和个人的合法权益。

图书馆信息安全法律法规是国家利用约束力合法监管和制裁使用资源的图书馆信息服务单位和信息用户的一种手段。图书馆运行和管理过程中，可能会承担法律责任。民事违约是图书馆最可能遇到的。图书馆可能在买卖合同、赠予合同、技术服务合同、租赁合同、承揽合同、建设工程承包合同等方面面临违约，并需要承担相关责任；此外，图书馆还有可能侵犯知识产权，尤其是著作权，一般是指在馆藏资源数字化过程中，未经许可通过信息网络传播著作权人受保护的作品。

信息安全法律法规将图书馆行为限制在合理的范围内，以限制非法、意外和未经授权的活动，并支持正常的图书馆信息活动。

---

① 指采用 IPSec 协议（产生于 IPv6 的制定之中，用于提供 IP 层的安全性）来实现远程接入的一种 VPN（虚拟专用网络）技术。

三、安全保障体系模型的构建

以技术手段弥补信息法律的不足，如提高信息安全技术水平，可有效地防治危害信息安全的违法犯罪行为，采用过滤软件可在一定程度上控制色情淫秽信息传播。信息文化环境对信息法律建设产生较大的影响，如东西方对知识产权的不同观念，造成东西方在知识产权法制定上的差异。数字图书馆的信息安全问题由于其自身的某些特殊功能而变得复杂，如广泛分布、开放式架构、资源共享和渠道共享；同时，信息技术的发展日新月异，安全技术往往落后于攻击性和病毒性等破坏性技术。因此，解决信息安全问题不能仅基于纯技术产品。它是一个涉及许多因素的系统性问题，如技术、人员、组织、行政管理和资源。

（一）模型构造的指导思想

模型构造的指导思想包括提高数字图书馆信息安全性，建立全面的安全系统，积极应对数字图书馆面临的安全挑战，提高数字图书馆抵抗破坏和从灾难中恢复的能力，实现数字图书馆信息与信息安全的协调发展，营造和谐共享资源的环境。

（二）数字图书馆信息安全保障体系模型的特点

1. 综合性

模型包括安全战略、技术、管理、资源、法律法规等要素，这些要素在确保数字图书馆信息安全的过程中是不可或缺的。只有从整体的角度看待和分析它们，才能获得全面和显著的效果。

2. 关联性

系统中各要素并不是孤立、不相关的，管理体系为技术体系提供建设指导，标准、法律法规是建设的现实依据，所有这些都围绕保障信息安全三个层次的六个基本安全需求。在数字时代，信息的生产、传播、选择、利用等活动成为社会成员重要的活动，但对信息活动，特别是与网络相关的信息活动的控制和管理存在着诸多难题。原因在于，信息活动控制和管理是一个十分复杂的系统工程，因为文化冲突加剧，新的价值规范和利益分配机制建立，信息的跨国界传播使国家安全受到前所未有的冲击、挑战和威胁……信息犯罪主要借助网络进行，网络管理上的漏洞是网络信息犯罪得逞的重要原因。知识经济时代，经济模式和企业管理都将发生许多重大改变，利用信息技术装备处理知识和信息流，成为企业为适应网络环境所采取的行动，其目的是优化生产要素，获得竞争优势，并为公司发展、业务流程重组和业务再造创造新的增长空间。知识、技术和信息流可以更有效地分配公司内部和外部的各种资源，减少中间环节，并有利于公司内部流程之间、企业之间更直接、更快地连接与融合。网络促使交易的速度向瞬时化发展，公司组织突破了地域限制。

3. 可拓展性

数字图书馆信息安全保障体系模型不仅可以解决数字图书馆的安全性问题，而且对正在建设的各种信息资源网站有一定的指导作用。图书馆的工作方法，如分类方法、主题方法等，作为人类思维模式的具体体现，在网络信息建设与组织中，仍发挥着重要作用，从而促进信息文化建设。此外，该模型可以规避安全隐患，对政府、企业的安全管理具有参考价值。

(三) 数字图书馆信息安全保障模型简介

数字图书馆信息安全保障模型是基于对信息安全基本理论的三种基本解释，即信息安全内涵、安全等级信息和信息安全要求。

数字图书馆信息安全保障模型的概念针对信息安全的三个级别，即数据安全、操作安全和硬件安全。

基本安全要求包括以下几点。一是要遵守相关的国内外法规；二是要严格依靠管理、技术和资源三个基本要素来解决信息安全问题。以信息安全策略为模型构建的中心基础，发挥了监管作用，系统基于安全管理和安全技术，最终形成了安全保障体系，成为数字图书馆信息的主要保障。

第四章 特色数据库建设与实践

第一节 特色数据库建设的原则及功能结构

特色数据库是指图书馆和信息机构根据用户的信息需求，以某个主题为基础，对信息资源进行收集、分析、评估、分类和存储，把主题、地区特色文化、人物等作为研究对象进行规范和要求，建立的数字信息资源数据库。特色数据库是数字馆藏的本质和核心，也是衡量数字馆藏的价值和质量的重要指标。

一、特色数据库建设的意义和原则

特色数据库既是个体的特色体现，也是数字馆藏整体乃至共享系统的重要组成部分。因此，建设特色数据库意义重大，必须遵循一定的原则。

（一）特色数据库建设的意义

第一，系统收集、组织、处理、存储特色文献信息，能够相对集中、比较权威、更深层次地展现特色文化、特色学科、特色产业、特色人物等方面的研究成果与研究进展，全方位、系统性地聚焦某一专题的文献信息脉络。

第二，组织、编辑和系统处理最初分散在各个运营商中的主题资源，以形成丰富的内容，并使其具有系统化、主题化、检索性的特点，适用于网络传输。多元化、全面化的数字信息资源已成为网络化的资源中心，可提供教育、研究、学习和广告等方面的服务，促进各种成果在区域文化研究中迅速被利用，为未来地方文化、经济、上级单位项目建设的持续深入发展提供知识支持和智力支持。

第三，系统、规范化的特色数字资源能够依托系统管理平台扩大传播范围，增强影响力，并通过共享平台达到"分散建设、统一检索、资源共享"的目的，实现信息资源的共建、共享、共知，节约成本、提升效率，发挥社会效益和经济效益。

（二）特色数据库建设的原则

1. 不可替代性原则

特色数据库的特点是"大而全"，而不是"多而杂、多而散"。因此，特色数据库建设必须集中人力、物力、财力，最大限度发掘特色文献信息，使之具备内容独特、组织系统、使用便捷的特点，做到人无我有、人有我优、人优我新。

2. 计划性原则

特色数据库的开发建设必须从科学性、权威性、实用性、先进性、完整性、标准化和高效性的角度出发。完整计划、合理设计、关键投资、分步实施并最终呈现实际搜索结果是特色数据库建设的必经步骤。

3. 实用性原则

特色数据库的建设要特别注重内容的实用性，要立足本地区、文化、经济、产业及优势学科研究的独特性，有针对性地筛选一些研究报告、实验数据、生产工艺、文化考评、会议资料等具有鲜明特色的文献信息，精心组织、加工，坚持高标准、高兼容性、高共享性。

4. 完备性原则

通过特色数据库收集和存储的数据应确保该主题类别的完整性以及文档和介质类型的相对完整性，如网络文字、图形、音频、视频和其他多媒体文档，并集中在有关该主题的电子出版物的目录下。

5. 标准化原则

特色数据库建设应以相关国际标准、国家标准为基础，根据相关书目和索引原则建立统一的书目标准和索引方法，规范信息数据，使数据库具有很强的兼容性和权威性。

6. 资源共享原则

特色数据库作为文档资源保障系统建设的重要内容，必须实现资源共享。在建立特色数据库的过程中，需要制订相应的管理和交换方案，允许在线用户使用和建立有效、方便、经济的系统来传输和访问文档信息，以最大限度发挥其功能。

二、特色数据库的功能结构

特色数据库的建设必须充分利用最新的网络和数据库技术，开发高效的搜索算法，执行多渠道搜索，努力为用户提供浏览、查询等综合服务。特色数据库的功能结构如下。

第一，搜索界面简单直观。统一的搜索界面减少了用户搜索操作的负担。

第二，搜索方法丰富。用户可以通过标题、关键词、题目、摘要、作者、机构、分类号、文献来源等进行搜索。用户可采用布尔逻辑检索、单汉字全文检索、双语搜索同步搜索等多种方式，搜索结果按匹配程度排序。

第三，多类别导航。针对搜索结果提供群组信息、通用信息、详情等递进展示模式，用户可根据精准分类导航逐步进行多媒体资源浏览。

第四，数据浏览完善，可以轻松地执行打印、下载和保存指令以及通过电子邮件发送用户所需内容。

第五，快速响应，并支持大量并发用户同时访问。

第六，系统支持数字资源自动释放和实时动态释放，以供浏览和下载。

第七，提供各种内容发布模板（杂志、文档、图像、音频、视频、电子书、网页浏览等），支持用户使用定义的模板发布内容。

第八，方便地对数据进行浏览管理，根据搜索表达式或快速排序提取数据，并支持多个导航和多个数据库的流畅浏览。

第九，支持加载多种格式的多媒体文件；具有数据传输功能，并且可以交换ISO-2709[①]格式的数据。

第十，管理和维护功能全面，如用户管理、项目管理、Web启动管理、安全管理、日志分析等。系统可以设置数据库结构、数据存储格式、显示格式、输出模式等，添加、删除、还原和备份数据库日志数据，并在使用存储空间时进行统计和调整，以确保数据库质量。

三、特色数据库的体系结构

在满足特色数据库功能需求的基础上，充分考虑系统的开放性、灵活性、可扩展性和安全性，通用特色数据库的体系结构可以分为五个层面。

（一）用户界面层

提供用户访问界面，实现导航或浏览和多库统一检索式输入。

（二）智能检索层

开发智能检索程序，实现各种数据资源的多功能检索、高效检索。

（三）数据库层

实现数据物理存储，提供数据访问接口。

---

① 是 MARC 的一种标准。

（四）数据维护及系统管理层

执行已发布数据的添加、删除、修改，以及用户管理、安全管理、填写注册表和其他功能。

（五）数字化资源加工层

通过书籍页面扫描、图像处理、OCR（光学字符识别）、目录编辑、压缩和书页包装等，可以快速生成高质量的电子文档；现有的各种电子文件格式，如Word、HTML、PSD、TXT、PDF和其他格式，都转换为统一的PDF格式；同时，可以对数字对象进行分类、索引和验证，并在可以浏览和检索的数据库中处理各种类型的数字对象。

系统安全性贯穿整个设计和实施过程，从用户访问、访问权限分配、服务器安全设置，到网络防火墙设置和防病毒处理等，充分重视系统安全性。

第二节 特色数据库建设模式及现状分析

一、特色数据库的建设模式

特色数据库建设模式目前包括以下几种。

（一）引进数据库

引进数据库是指通过调研分析，从国内外数据库厂商中购买相关专题数据库。我国高等教育文献保障体系项目在建设初期主要采用引进的方式，如引进科学引文索引数据库、电子期刊、生物文献数据库等，并从CNKI（中国知网）、VIP（维普）数据库、万方数据库中获得充足的资源。引进数据库可快速获取国内外相关研究成果和研究信息，掌握国内外研究进展和趋势，借鉴国内外数据库建设经验，为自建特色数据库积累经验和技术。然而，购买数据库成本较高，需要强大的资金支持。

（二）自建数据库

自建数据库是图书馆数字馆藏的特殊表现形式，是基于用户在点和面上提出更高要求这一背景产生的，其开发建设主要依据以下情形。

1. 依据本校、本单位学科特色

根据重点学科或特定主题，或者具有跨学科和前沿学科特色，或者反映高等教育的特征，收集和整理信息，并形成系统的知识体系。

2. 依据地方特色

对于富有特色的地理和历史人文资源，或者与当地政治、经济和文化发展密切相关的资源，应按主题对其进行集成和数字化。

3. 依据馆藏特色

如一些在其他图书馆或少数图书馆中不可用的、不便使用的、分散的、宝贵的资源等。

(三) 共建数据库

指与其他图书馆合作开发建设数据库。

二、特色数据库设计实现关键技术分析

信息技术和文化发展的一个重要结果是，知识价值能否实现不仅取决于知识的内容，而且取决于知识是否可操作以及是否可以及时转移。为了使信息能够在互联网之类的信息渠道上传输，需要注意信息数字化，当信息被数字化、客观化并能够方便地被获取时，或者当知识被要求必须产生经济效益时，知识就变成了可被操作和被运用的数据和资料，人们都有可能成为某一领域的专家。特色数据库建设的目的是实现信息内容层次管理。这需要一个健全的应用架构支持，体系结构是信息系统的重要组成部分，它关系到信息系统的性能、功能、可扩展性、可维护性。因此，综合考虑机组的网络环境、数据库系统规模、硬件设备及应用需求，整个系统采用C/S (客户端/服务器) 结构，这个结构可以充分利用两端的硬件环境，合理地将任务分配给客户端和服务器，减少了系统的通信开销。

关系数据库被定义为一个特殊的数据库，其中每个文件（关系）以平面文件（Flat Files）或表的形式包含数据，表只能包含一种记录类型，每个记录都有固定数量的字段，所有字段都没有名称。科学技术是文化的一个特殊子系统。随着工业化的发展，科学技术对社会信息的积累和文化进步有着日益深远的影响。计算机和互联网的普及改变了人类获取、整理、提供和应用知识的方式。在这种情况下，科技信息已经大规模地转移到计算机上、知识转化为可操作的材料，被翻译成计算机语言的知识可以更好、更快捷地被更多人使用。

在建立关系数据库时，应特别注意所记录的内容与各种属性（字段）之间的内在关系。所有的研究成果都将不可避免地转化为计算机语言，这无疑将开拓新的研究方向。随着计算机霸权的出现，人们对特殊逻辑进行了补充，并颁布了

特殊的规则或条例,以确定哪些语句是可接受的。执行这些任务的方法取决于使用何种 DBMS(数据库管理系统)产品。如上所述,数据库的定义、存储分配和数据创建过程将取决于应用程序需求和所选 DBMS 产品的特性。

元数据是关于数据的数据。在建立特色数据库的时候,元数据为计算机提供处理内容所需的信息,使计算机能够根据其自动处理内容。内容管理涉及的元数据主要包括拆解元数据、访问元数据、管理元数据和集成元数据。

三、自建特色数据库的发展现状及阻滞因素

(一)数据库建设标准难统一

自建数据库的标准化主要体现在数据库管理系统的标准化和数据库中数据描述的标准化上,这从客观上为图书馆营造了良好的需求环境,使图书馆在知识经济时代迎来更加广阔的生存和发展空间,也使图书馆的需求环境发生巨大变化。随着知识经济时代的到来和信息技术的发展,无论是信息来源还是信息类型的多样化,信息内容、信息服务等方面的复杂性都得到了加强,对传统图书馆服务理念和服务模式提出了严峻的挑战。

当前,全国各个行业和地区仍然缺乏统一的管理机构来建设信息资源标准,图书馆和信息机构的数据库建设呈现出非标准的自给自足、自我建构和自我使用的状态。例如,由于各种机构选择的索引系统、恢复系统和操作系统的多样性,数据库的标准大多是不同的。

统一数据索引很难,做到分类和访问点标准化和严格质量控制也很难,其中一些数据索引具有单个搜索路径,缺少内部搜索路径(如分类、主题词等)。还有一些数据库格式不规范,导致数据接收和一次性开发困难。

(二)高校构建的数据库间兼容性和互操作性差

许多高校急于快速建立具有特色的数据库。在各高校之间缺乏交流和缺乏统一的数据库构建标准的情况下,高校建立的数据库是独立的,这使得数据库的构建不仅耗费了资金,而且花费了很多时间,低效率和重复构建导致数据库兼容性和互操作性差,严重阻碍了特征数据库的整体开发和利用。

由于成员和管理体系的差异,以及缺乏宏观调控,中国高校的图书馆信息服务系统尚未实施总体规划,各个高校之间的授权研究机构缺乏横向联系和总体协调。

各个高校建立的数据库通常结构独特、规模小且狭窄,并且标准不统一,大多数数据库成为自用的数据库,它们之间的通信和共享使用情况不容乐观,并且高校图书馆特色数据库的完整性和规模难以形成。高校图书馆"单打独斗"的现状严重阻碍了高校信息系统数据库的全面发展,急需资源共享。

(三)知识产权保护法规不够完善

在我国书目信息资源数字化过程中,知识产权保护已成为数据库建设中敏感和重要的问题。在知识经济中,生产者主要是用信息技术和信息装备武装起来的劳动者,他们不再主要同物质资源打交道,而是同信息资源打交道,他们的大部分时间都花在信息符号的交换与处理上,而不是物资与能量的转换上。首先,开发人员的辛勤工作和智慧凝聚在数据库的开发过程中。其次,数据库中包含原始作品的版权所有者的合法权益。这两个方面都必须受到法律的保护。但是,实际上,在数据库的构建过程中经常发生侵权和法律纠纷。如果数据库通常为电子数字格式,则很容易被复制、下载以及未经授权使用,这会侵犯数据库开发人员的知识产权并损害其利益,打击数据库开发人员的热情。

四、解决影响自建特色数据库问题的有效对策

(一)加强建库质量规范向标准化发展

数据库标准化是数据库构建的重要组成部分,在确保数据库的质量、数据库的系统化和兼容性以及数据库的安全性方面发挥着极其重要的作用。当前,我国高校特色数据库标准化建设仍处于探索阶段,数据库建设建议采取以下措施。

第一,使用符合标准的清华同方专业数据库制作管理系统(TPI)。CNMARC著录规则和大学图书馆通常使用 Dublin Core 标准,支持标准的 Z39.50 协议和 XML(可扩展标记语言)文件格式。美国、日本、德国联合开发的 STN 模型,可实现信息资源联合建设和交换。第二,数据库中的数据必须准确、完整、稳定,即准确反映数据的真实面貌,避免各种错误和扭曲,并尽可能覆盖学科范围内的所有信息,不断反映信息发展的轨迹。在建立数据库结构的过程中,充分展示数据描述规范和数据参考系统,保证数据规范的系统质量稳定性和连续性。

(二)认真关注并合理解决知识产权保护问题

对于自建数据库来说,知识产权保护问题必须得到合理解决。应从法律、操作和技术三个方面来考虑和解决知识产权保护问题,以提高知识产权保护意识和完善相关法律法规,尽快建立公平实用的运营模式和技术平台。针对数据库的具体情况,可以借鉴商业数据库的经验教训和处理方法,根据自身特点解决版权、

融资状况、服务方式、服务范围等方面的问题。

当前,《中华人民共和国著作权法》赋予图书馆以合理的方式使用受知识产权保护的信息资源的权利。图书馆可合理利用各种信息资源,但如果要扩大信息资源的使用范围并以此获利,则必须事先征得版权所有者的同意,协商并签署相关协议,避免以后发生经济和法律纠纷。数字图书馆应提前计划,合理解决知识产权问题。

(三) 加强高校系统之间的合作

合作建立数据库,是指通过共同合作和综合规划,共同发展,共同建设。这不仅可以在信息技术上进行交流,而且可以共享资源,在人力、物力、财力上共同发挥优势,相辅相成,共同研究,避免重复建设。此外,通过合作有助于改善高校在资源和资金上的问题,而且容易形成高校图书馆特色数据库的整体优势,建立多个图书馆。一个充分反映区域、专题特点的数据库,应在相互遵守高校间数据库建设基本原则的基础上建立。

在此期间应遵循平等互利、优势互补的原则,这是合作建设数据库的关键。在总体规划的基础上,经过平等协商,达成共识,并建立互惠互利协议,以确保所有成员都建立基地,保证合作者具有使用特色数据库的相同权限。

第三节 特色数据库开发建设方案及要素控制

一、特色数据库信息平台建设的基本要求

(一) 数据库硬件平台

采用 Intel(英特尔)双核 64 位 Xeon(至强)处理器 2 GB 或更高版本的磁盘阵列以及 PC 服务器内存搭建资源存储和访问服务系统,为用户提供两种搜索服务的方式,即 Web 浏览和搜索界面。互联网用户可以通过互联网轻松、快速地访问、检索和使用数据资源。

(二) 全文数据库建设与软件发布平台

强大的专业全文数据库建设与软件发布平台为构建特色数据库提供了强大的支持。自主开发的全文数据库建设与软件发布平台在功能上具有一定优势。但是,由于技术能力、技术标准、规格等限制,在交换信息资源的过程中出现了许多问题。目前,清华同方、美达、方正、亿华等十余家数据库软件公司提供数据

库管理系统。它们拥有全文数据库建设与软件发布平台。TPI 专用数据库生产管理系统是基于网络平台的知识仓库创建、生产、管理、维护和启动的工具软件系统，是一款兼容性高的专业软件。采用 TPI 平台，可完成从平台搭建、框架搭建到数据发布的数据库建设过程。软件操作方便，功能强大，可以很好地实现数据库建设方案和目标。同时，其增加一些特殊的定制功能，如简单、传统的检索收敛，检索字段的特殊设置等。

（三）特色数据库建设技术性能指标

标准规范对于确保资源服务的可用性、可操作性和可持续性至关重要。为了便于信息和资源交流，应在系统建设和数据库建设方面提前制定规范统一的实施细则。数据项的各个描述规则应在国家和国际标准中统一实现；采用分层设计，逐步完善模块化开发方法；开发工具主要采用 Java 系列语言，便于移植和扩展；采用统一的个性化用户界面。其中，数据资源建设主要遵循国家标准《书目信息交换用磁带格式》，采用此标准推荐的《中国公共交换格式 CCFC》描述。

二、特色数据库元数据方案的设计

（一）元素列表著录说明

（1）名称，必备字段，可重复使用

由资源创建者或出版者定义的资源名称。

（2）原始创建者，非必备字段，可重复使用

原始内容的创作者，可以是个人、团体等。

（3）提供者，非必备字段，可重复使用

资源提供者，可以是个人、团体或网络空间上的实体。

（4）其他责任者，非必备字段，可重复使用

可著录多个责任者，具体指对资源内容作出贡献，但未在创建者和提供者中列出的。

（5）出版者，非必备字段，可重复使用

通常指资源出版单位。

（6）原始创建日期，非必备字段，可重复使用

通常指资源创建时间。

（7）主题类别，必备字段，可重复使用

通常指该资源涉及的主题。

(8) 说明，非必备字段，可重复使用

通常指该资源的一些必要说明。

(9) 主题词，必备字段，可重复使用

描述资源主题或内容的关键词、词组短语或分类号。

(10) 内容摘要，非必备字段，可重复使用

资源内容的文本描述，包括文献类对象的文摘或实物的内容描述等。

(11) 内容类型，非必备字段，可重复使用

资源的特征和类型，如会议论文、学位论文、专著、标准、批文、实物等。

(12) 格式，必备字段，可重复使用

资源的媒体形式，如文本、图片、声音、影像等。

(13) 语种，非必备字段，可重复使用

资源内容使用的语言说明。

(14) 关联资源，非必备字段，可重复使用

与该资源相关的其他资源，包括该资源版本是否发生变化、替代等。

(15) 资源创作者，非必备字段，可重复使用

通常指数字资源创作者名称。

(16) 资源创作日期，非必备字段，可重复使用

通常指数字资源创作时间。

(17) 版权所有者，非必备字段，可重复使用

通常指资源版权人。

(18) 版权声明，非必备字段，可重复使用

通常指资源的使用权限说明。

(19) 权限级别，必备字段，可重复使用

通常指对资源索取的限定。

(20) 获得方式，非必备字段，可重复使用

资源取得方式说明，如捐赠、馆藏、外购、网上检索等。

(21) 技术环境，非必备字段，可重复使用

数据对象加工时对计算机硬件、软件要求的说明。

(二) 资源库知识的组织系统分析

1. 使用资源库的关联群体

建立特色资源库的目的是满足研究需求。同时，它必须向社会中需要它的人提供共同的资源。使用资源库的人员主要有三种类型。一是学校专业的教师和学

生，用于满足辅助教育的需要，扩充知识结构和学术交流范围。二是相关行业从事产品开发、生产和用户研究的人员，用于学术研究，掌握开发技术和产品使用方法。三是对某领域知识感兴趣的一般爱好者，希望了解该学科的科普知识。

2. 访问界面的主要服务功能

特色资源网站服务可以考虑实现以下基本功能：①用户身份确认，确定不同的访问权限；②数据导航，引导用户寻找相关的全局数据资源；③方便恢复，如根据时间段、姓名、类型、媒体形式等搜索不同的逻辑关系；④新闻公告，披露新的资源信息和重要事项；⑤分类导航；⑥技术用户讨论，可以配置不同主题的内容，为有共同需求和兴趣的用户提供交流空间；⑦服务个性化，用户可以通过该栏目请求个性化服务，如特定资源预约、内容语言转换、资源推荐等；⑧下载常用工具，为客户提供支持多种格式的资源阅读工具。

3. 特色资源的知识与信息组织

数字图书馆建设是一个全球性的信息系统项目。各种资源库的开发也必须遵循客观规律。数字图书馆的可持续发展必须适应经济发展和技术发展的水平，做到适应现在，面向未来。

三、特色数据库开发建设应重视的问题

（一）注重后期建设与维护

特色数据库的开发建设是一个动态的长期过程，必须建立专门的组织或团队，以确保特征数据库更新和维护服务的可持续发展。

（二）注重数据库的规范和标准问题

规范化、标准化是体现特色数据库先进性、精品性和通用性的必然要求。在现行的标准体系中，期刊文献和图书目录中有成熟的标准可供参考，但对于不规范的文献信息（如讲稿、会议记录、实验报告、讨论和整理材料等）则没有成熟的标准。为编制专业的文字清单和制定数据处理规范，应在图书馆建设的前期做好充分准备。同时，随着全文搜索软件的巨大发展，简化和突出索引已成为必然趋势。

（三）注重知识产权问题

特征数据库的主要数据源如下：一是施工单位收集的文件的数字化数据；二是通过搜索引擎收集的网络信息；三是购买的数据库中的部分数据；四是通过非

常规渠道（如会议或讲座、实验文件等）获得的文档。这些数据大部分受著作权相关法律法规保护，有些甚至有保密要求。因此，必须对数字化数据的知识产权问题予以高度重视。

（四）注重特色数据库的宣传与推广问题

一方面，要积极加入合作共享机构，拓展影响范围；另一方面，要加强宣传推广，树立品牌意识，争取尽可能广泛的用户群，达到社会效益和经济效益最大化。

四、TPI在特色数据库建设管理中的应用

（一）创建数据库

首先，使用"新建数据库向导"，在系统中创建一个数据库，该数据库特别用于将数据存储在特色数据库中。并且根据不同类型资源的特征，如图像、本地编年史、报纸、会议和书籍，在数据库中创建与元数据规范和书目规范相对应的字段。

（二）元数据采集

在TPI中，元数据表示单个数据库记录。从信息载体的形式来看，有在线书籍、杂志、文档、照片和虚拟文档。从信息内容的形式来看，有文本资源、图像资源、音频资源和视频资源。

（三）数据加工

存储记录必须通过数据处理，才能最终发布到互联网。数据处理包括以下三个方面。

1. 元数据标引

在构建特色数据库时，标引工作量通常很大。元数据标引工作分配给不同的用户账户，以方便快速多人并行工作。"管理员"启用"赋值任务"函数在"元数据处理工具"中将原始数据分发给"标引器"。此工具支持Word文档、HTML文件、TXT文件和PDF格式文档。在建库时会先设置标引字段，标引员直接从原文中拖动所需内容，操作简单直观。如果元数据信息在存储时是完整的，则不再需要手动添加标引。

2. 数据分类

TPI使用可视化操作界面执行整个数据分类过程。其不仅创建了标准的中文

卡分类系统，还允许用户自定义分类系统。用户可以根据需要创建相应的导航树结构，并对库中的记录进行分类，以方便管理和数据访问。系统数据库创建工具可以根据用户选择的分类系统自动对数据进行分类，同时自动生成相应的导航树。用户只需将记录拖动到相应的节点，系统即可注册相应的分类编号。考虑到每个读者都有不同的阅读需求，为了方便读者，可以考虑多种分类标准，如《中国图书馆分类法》《学科分类目录》。

3. 数据检查

数据检查包括对输入数据的真实性和准确性的质量控制。在获得任务后，检查人员将逐一检查现场信息和数据的数字对象。如果索引信息正确，则将记录标记为"正确记录"；如果信息不符合要求，则标记为"索引错误"，然后在错误信息弹出窗口中输入错误原因并进行修改。数据检查是数据库管理的重要组成部分，在数据库建立的质量保证中起着重要的作用。

五、基于检索语言的特色数据库质量控制

当前，中文图书馆有许多特色数据库。这些数据库具有鲜明的专业特色、地方特色、文化特色、产业特色和收藏特色，并形成了中国独特的数字特色文献资源。但是，特色数据库的质量参差不齐，有些数据库的质量很差。造成这种情况的原因很多，其中之一是使用恢复语言时存在缺陷。错误使用恢复语言直接影响特色数据库的质量和普及度。因此，加强特色数据库中使用的恢复语言的质量控制，提高特色数据库的构建质量非常重要。

第四节 数字资源价值分析和质量控制

一、数字资源价值分析的方法

根据价值工程的定义，为获得功能而花费的一切都可以作为价值工程的对象，作为产品、过程、工程、服务或其组成部分。价值工程的目的是以最低的对象生命周期成本可靠地实现用户所需的功能，以获得最佳的综合效益，即以最低的成本获得足够的使用效果。显然，数字资源的建设和使用符合有价值的工程研究对象的要求。为了获得数字资源，必须支付相应的数字资源建设和使用成本。因此，通过定义数字资源的功能和成本，可建立分析和评价数字资源价值的模型，并将价值工程原理应用于数字资源的评价和管理。通过功能获得最佳的综合

效益是可行的，这也可以丰富数字资源评价和管理的理论和方法，扩大价值工程的应用范围。

对图书馆中数字资源价值的分析实际上是对每种数字资源的"成本—能量"关系的分析和调查，从中可以找到使用不佳的数字资源。分析数字资源价值时，有必要对数字资源价值功能指标进行分析，具体应遵循以下原则。

（一）系统性原则

数字资源的使用涉及多个因素，这些因素之间通常存在复杂的约束。因此，在分析数字资源价值的过程中，功能指标的建立必须整合并涉及对象评估，各方面的指标必须相互联系、相辅相成，才能形成完整的系统。在此基础上，合理构建指标的层次结构和数量，力求以最完整、最集中的方式反映数字资源功能之间的关系。

（二）科学性原则

这一原则主要强调价值分析过程中数字资源功能指标的科学性和可信度。开发的功能指标应含义清晰，目标明确，可以直接揭示数字资源价值，或间接反映数字资源功能属性，避免使用模糊指标和多功能指标。所选指标应与实际应用中的评价相一致。功能指标的选择和层次应符合逻辑，在跨界划分中不应有不同的划分标准，兼容性要好，使结构合理，层次清晰。此外，指标应与数字资源使用所涉及的主客观因素和条件紧密结合，应注重客观评价与主观评价结合。

（三）实用性原则

实用性是评价指标体系的生命力所在。要想使评价指标体系具有较强的实用性，应将定性指标与定量指标相结合，达到以下目标：指标体系内容简单易操作；指标含义清晰易懂；指标范围和部分量化指标使用的计量单位有明确规定和统一标准；涉及的数据易于理解和收集，便于统计处理；评价结果可以量化。

（四）普遍适用性原则

数字资源功能的索引系统一旦形成，就具有相对稳定性。由于所评估对象的变化或所评估对象的主题特异性，索引无法更改。

（五）层次性原则

功能指标应该是分层的，以深入了解整个数据资源的各种功能，并为确定特定评估指标的权重和格式提供便利。

二、数字资源价值分析对质量控制的作用

分析图书馆数字资源的价值实际上是在分析图书馆数字馆藏的价值。数字馆藏与传统纸张馆藏不同，在存储、载体形状和服务要求方面具有显著特征。对于现代图书馆管理员来说，管理数字馆藏是一大挑战。一方面，随着数字资源建设加速，数字资源不断"膨胀"会导致许多问题，如无法修复存储设备造成数字资源的"迁移"。另一方面，图书馆的资金预算是有限的，任何图书馆都不可能拥有用户所需的全部资源。在数字网络环境下，数字资源的购买和维护非常昂贵，这也需要图书馆对数字资源进行评估和分析，参考评估和分析的结果，科学地选择馆藏资源，合理利用现有资金。因此，对数字资源价值评价不仅有助于图书馆了解其数字资源的基本情况，还有助于了解用户的需求，作为图书馆馆藏发展战略的指导。一般来说，图书馆数字资源价值分析对于质量控制具有以下作用。

（一）评价数字资源的内容

例如，数字资源所涵盖的学科、主要期刊的汇编、提供电子文件的方式和电子文件的语言决定了数字资源能否满足图书馆用户的需要，该资源是否适合购买或是否需要翻新。

（二）促进数字资源的整体优化建设

根据主题调整数字资源分布，调整参考数据库、全文数据库、事实数据库、电子期刊和电子书的比例，以进一步优化结构，更广泛地满足用户实际需求。

（三）提高数字资源的利用率

通过调整和分析数字资源结构，促进回访服务、咨询服务和培训服务发展，使数字资源和服务更符合用户的需求，从而提高利用率，降低成本。

（四）了解用户需求

用户使用统计报表能够准确反映其对数字资源的主体、类型以及软硬件环境的需求。图书馆可以相应调整服务的建设方向和内容，评估相关服务。评估对获取数字资源和图书馆如何提供服务具有重要影响。

（五）使传统出版物建设得到合理调整

例如，根据期刊名称的统计信息订购国外出版物，从而逐步整合调整期刊结构，更加科学、合理地集成传统出版物和电子出版物，开发图书馆馆藏资源。

第五章　数字时代图书馆的发展环境

第一节　数字时代图书馆的技术环境

一、数字技术高速发展

(一) 计算机技术

现代信息技术革命起源于计算机技术，计算机技术的进步直接推动了信息技术的巨大进步。数字图书馆的建设离不开计算机技术。

计算机技术的最新发展特征主要体现在计算机处理速度提高，可以有效地提高处理数据和各种交易的能力。

(二) 通信技术

在大约十年的时间里，"超宽带"无线通信技术基本遍及世界的各个角落，互联网访问速度越来越快，家庭网络的传输速度越来越快。电子产品内置了"网络智能"功能，可以定期为其所有者收集和更新信息。电子纸代替计算机屏幕作为显示设备，并且电视和互联网将集成到一个信息通道中。

(三) 网络技术

网络是通过通信线路连接独立的计算机处理节点而形成的计算机通信系统。通过网络，分散的信息系统可以到处连接，使整个社会可以共享各种资源（包括计算机和信息），人们可以克服地理位置限制实现协作。

网络是用于生产、传输、获取和使用完整信息的新机制。由于快速信息处理、强大人机交互以及具有统一数字符号的多媒体信息处理特性，网络将人类社会带入了数字化和互联网时代。同时，网络已成为社会和人类文化的同质体系，将人们置于数字网络空间（计算机空间、网络空间）中。互联网代表的各种计算机网络为人类提供了新的、更开放的和全面的服务元素和功能。互联网和各种网络构成了人类的新生活环境。

随着互联网的普及以及网络技术和计算机技术的发展，高复杂度数字音视频在广域网中的多媒体应用得到了迅速的发展。这些多媒体应用具有信息载体的多样性、集成性和交互性等特点，需要实时、连续地传输大量数据，以及服务形式多样性，对网络及其协议提出了新的要求，网络技术出现了新的发展趋势。

（四）流媒体技术

流媒体一词翻译自英语"Streaming Media"，实际上是一种新方法，而不是一种新的媒体。

当媒体播放器（如提供商）使用视频传送服务器将程序作为数据包发送并通过网络传输时，用户通过解压缩设备解压缩数据后，程序将在出厂前显示。为了通过网络流式传输诸如音频和视频之类的多媒体信息。视听文件通常很大，并且需要很大的存储容量。由于网络带宽的限制，通常需要较长时间下载，并且该处理方法具有较长的延迟。实施流传输后，诸如声音、图像或动画之类的基于时间的媒体会从音频和视频服务器实时传输到用户的计算机。在客户端上播放基于声音的媒体时，文件的其余部分将继续在后台从服务器下载。

因此，流媒体是指使用网络流技术的基于时间的流媒体，特点是在播放之前不下载整个文件，仅将内容的初始部分存储在客户端上，其余数据则随时传输，随时随地播放。介质流动的关键技术是流。广播传输被广泛定义，现在主要是指通过网络传输媒体技术，其具体含义是将电视和电影节目传输到 PC 端。通过互联网实现传输有两种方式：实时传输和顺序传输（渐进传输）。一般来说，视频是实时流，但如果使用常规 HTTP 服务器，则文件将按顺序发送。最常用的传输方式是实时传输，该方式具有以下优点：用户可以边下载边浏览，整个下载过程在后台运行，等待时间可以大大缩短。流媒体采用特殊的数据压缩和解压技术，使连续文件小于原始文件，大量节省磁盘空间。传输过程中采用新的数据缓冲技术，保证文件传输的可靠性。

完整的流媒体平台应包括流媒体服务应用系统、视频管理与发布系统、视频采集与制作系统、媒体内容检索系统、数字版权管理系统、系统存储介质、客户端系统等重要组成部分。当网站提供流内容时，必须使用编码工具压缩适合于通过网络进行流传输的高质量常规媒体文件，然后将转换后的文件传输到服务器，最后通过流服务器发布。

数字图书馆建设中极受欢迎的流媒体应用程序系统，包括 VOD（视频点播）系统和远程教育。

图书馆传统的视听文件阅读服务依赖单一的操作员，如操作播放录音带。这些很难管理，不能充分利用网络，一旦损毁不容易恢复和使用。流媒体技术的成熟解决了传统 VOD 系统需要较大存储容量和大量数据传输的缺点。传输媒体已经通过了特殊的压缩编码，因此非常适合通过互联网进行传输。同时，客户使用浏览器进行浏览访问，基本上没有额外的维护环节。服务器端还可以利用集群技术对大规模并发按需请求进行分布式处理，使其能够适应大规模按需环境。在图书馆部署基于流媒体的 VOD 系统，可以充分利用网络和流媒体技术，完全改变以往被动浏览多媒体文档的方式，按任意顺序播放，为用户提供交互、实时、点播功能。与传统的图书馆视听阅读服务相比，新的 VOD 服务还可以根据读者的需要任意查询信息，从而提高了交互性，增强了用户和程序之间的沟通。基于广播媒体的视频点播系统已成为图书馆数字化服务的重要组成部分。

二、数字图书馆的数字信息技术体系

数字图书馆是现代高科技兼容的数字信息资源系统和下一代互联网在线信息资源管理模式，将从根本上改变互联网上信息分散和使用不便的现状，并提供综合信息服务。从信息收集、信息处理、信息存储和信息发布到网络服务，必须按照一定的标准，即基于信息集成（包括信息系统集成）采用一些数字信息技术。信息功能集成和信息资源集成的数字图书馆需要数字信息技术的支持和保障。

（一）数字信息技术体系的构成

1. 信息采集技术

信息采集主要包括文本信息和图像信息的收集。文本信息的收集主要是指从原始纸质文件中的数字化图形中收集信息，这需要应用扫描技术。图像信息的收集包括诸如数码相机之类的工具收集的重要实时图像，以及最初存储在诸如磁带等媒体上的图像，并且可以通过相应的技术对数据进行数字化处理。

2. 信息加工技术

信息资源必须通过网络转化为服务，但是网络终端的计算机系统不同，信息加工速度相差很大。因此，集成数字图书馆系统提供的图像、音频和视频必须能够满足不同类型终端的需求。

3. 信息存储技术

基于信息集成的数字图书馆系统本质上是互联网中存在的大量数据库。数据库存储、信息检索和信息分析必须使用数据库技术。基于信息集成的数字图书馆系统不仅提供原始信息，而且可在处理后提供辅助信息。基于信息集成的数字图书馆可以处理信息资源，进行信息分析，提供决策服务。因此，支持管理决策过程的面向主题、集成、稳定、时变的数据存储技术也是数字图书馆建设的必备技术之一。利用数据存储技术，可以有效地执行只在理想状态下存在很长时间的问题搜索服务。

4. 信息检索技术

Web 服务提供的搜索引擎现在有一个统一的接口，使用方便，由于网络信息没有使用传统的主题分类系统，所以准确率和回收率都很高，大大减少了为用户提供大量价值不大的信息的情况。采用统一接口的 Web 技术，结合学科分析和传统分类，数字图书馆能够方便有效地支持 SGML/XML 搜索引擎。基于信息集成，组织使用数字图书馆信息资源 SGML/XML 技术。相应地，基于信息集成的数字图书馆检索系统必须与 SGML/XML 兼容。这样恢复系统可以有效地恢复数据资源，实现快速准确的信息恢复。

5. 信息服务技术

多语言技术可以通过多语言导航和机器翻译功能为用户提供多语言服务，以满足更多用户的需求，使数字图书馆的集成系统发挥更大的作用。利用音视频复制技术进行综合服务，需要根据用户对信息类型和交互形式的不同需求，提供数字图书馆信息服务。

(二) 数字信息存储技术

随着数字图书馆信息量的迅速增加，存储规模不断扩大，信息的计量单位不断变化，从 KB 到 MB、TB 和 PB。这不仅需要存储设备具备大存储容量，而且需要大数据库来存储和处理这些数据。这涉及随时读取硬件的速度、数据集和分布式存储管理方法等问题。

现在常用的存储技术有直接连接存储、网络附加存储等。

直接连接存储是指通过 SCSI 或光纤通道直接连接到应用服务器的存储设备。存储设备没有单独的存储操作系统，被认为是服务器存储的一部分。所有 DAS 存储操作必须由服务器的 I/O（计算机接口）操作 CPU 完成。

网络附加存储（NAS），即使用以太网和 SCSI 的即插即用存储技术，通过网络拓扑将存储设备连接到一组应用程序服务器。实际上，存储设备是独立于应用程序平台的服务器或专用于存储的服务器组。它不执行应用服务，而是通过网络接口连接到网络，与服务器共享数据。存储设备有自己的 CPU、内存、主板和操作系统，使用专门设计的特殊操作系统，可以直接集成到硬件中。从这个角度来看，NAS 存储设备可以说是文件服务器存储专门化和文件服务器扩展的产物，与文件服务器没有太大的区别。

(三) 数字信息网络传输技术

数字信息网络传输技术作为未来信息传输的主要手段（主要与视频和音频有关），由于数据量大，难以进行高密度压缩。如果按照一般的文件传输方法，流媒体传输到目标地址后，就不能流畅清晰地播放，很可能会出现断续、图像冻结等问题。因此，传输技术也是制作数字图书馆的关键技术之一。为了获得最佳质量的流动介质，应考虑流动介质的各个方面。其中，影响流量质量的三个关键的因素是加密压缩性能、流媒体服务器性能和流媒体质量控制。

影响音视频传输压缩和编码性能的因素很多。一是压缩效率，压缩效率要求流媒体的比特率尽可能低，同时保证某些音频和视频的质量；二是代码的冗余性和可靠性，与普通媒体文件的压缩编码不同，流媒体文件必须通过网络实时传输，必须考虑传输过程中数据丢失对解码质量的影响。为了解决这一问题，可采用一些先进的编码技术，如弹性误差编码。网络环境中最典型的方法是多描述编码（MDC）。此外，流媒体的压缩和编码还需要考虑调整速度的能力，因为网络拥塞是不断变化的，传输媒体的编码必须能够适应网络速度的变化，可以使用分层编码。

随着流媒体的扩展，流媒体服务器的性能成为限制流媒体服务可扩展性的重要因素。

流媒体服务器的关键性能指标是流输出容量和同时支持的并发请求数。影响流媒体服务器性能的因素很多，包括 CPU 容量、I/O 总线、存储带宽等。通常，并发流媒体服务器的数量在几百台以内。为了达到更好的性能，高性能流媒体服务器采用了大规模的并行处理结构。例如，超立方体结构用于传输媒体服务的每个单元。还有一种连接它们的方法是使用简单的 PC 分组方法。在这种方法中，几个 PC 流服务器通过局域网连接，前端使用内容平衡器或负载平衡器将流服务请求分发到每个 PC 媒体服务单元。后一种方法的性能低于前一种方法，但成本低，易于实现。

流媒体的质量控制是限制流媒体性能的最重要因素。传输介质的传输对网络带宽、时延和损耗率都有较高的要求，没有连接分组交换 IP 的网络对带宽资源的控制相对较弱，因此，传输是在 IP 网络上进行的。对于流媒体，必须采用一些应用层质量控制机制。较常见的方法是使用速度自适应机制与使用内容分发网络。利用内容分发网络传输媒体是通过应用层内容分发，可以减少骨干网络传输流媒体量，实现基于应用层的组播仿真。即主机用于构建独立于网络层树的逻辑组流，组播转发由应用层软件在主机上执行。这样可以避免网络边缘分布式媒体服务器拥塞，提高流媒体的性能，缩短响应时间。此外，通过内容交付，网络可以有效提高整个流媒体系统的可扩展性，降低各流媒体服务器的性能要求。目前，利用内容分发网络广播流媒体是大规模流媒体应用的趋势。

（四）数字版权保护技术

其主要目的是实现访问控制和使用控制。

目前的版权保护技术主要分为三大类，即安全容器技术、数字水印技术、移动代理技术。

安全容器技术以 Intertrust 公司的 Digibox 技术为代表。该公司将重要数据和相关业务规则存储在称为"数据框"的加密文件中。业务规则与数据定价和使用控制有关。数字水印技术已嵌入最新的数据框内容中。

数字水印技术类似于钞票水印，这是隐藏在数字产品（如数字图像、声音、文档、书籍、视频等）中的特殊隐形品牌。使用集成的数字方法可以证明作品的原始作者的所有权，并作为证据来识别和起诉非法侵权，同时检测和分析水印，可以确保数字信息的完全可靠性，是知识产权保护和数字多媒体防伪的有效手段。

移动代理技术是代码、数据和运行时环境的封装技术。它可以在执行过程中在计算机网络上自主迁移，对外部事件作出响应，并在迁移过程中保持状态的一致性。未来，移动代理技术系统将成为版权保护的纯技术解决方案。

显然，仅仅依靠技术措施来保护数字图书馆是不够的，因为这些技术措施可以通过密码破解和逆向工程来规避。国内外都存在规避技术版权保护措施的争议，甚至有些引起了法律纠纷。可以看出，有必要从法律上限制规避技术版权保护的行为。

第二节　数字时代图书馆的经济环境

数字时代也被称为信息经济或知识经济时代。数字时代图书馆的发展受到知识经济的限制，也反映了知识经济的特征。

在数字时代，新的财富创造系统正在出现。这个新的财富创造系统完全基于即时通信以及即时数据、思想、符号和符号系统的传输，是一个毫不妥协的超级信息经济。信息经济学，也称知识经济学，还有人称其为数字经济学。

一、知识经济及其特征

经济合作与发展组织认为，知识经济是基于知识和信息的生产、分配和使用。它强调，当传统的物质生产服从收益递减法则而又不能逆转时，知识生产应运而生。知识生产的法则范围很广，它在内部发挥作用，并为人类社会贡献资源和财力。

在知识经济中，由一系列按一定知识和信息排列的符号组成的符号系统将成为第一生产要素和主要资本，并将成为除材料和能源之外的第一战略资源。这个时代也被称为概念经济学时代。在这个时代，重要的不是公司的建筑物和机器，而是公司营销人员的人脉和能力、经理的组织才能和公司员工的头脑。知识经济包含知识，并揭示社会和经济增长的规律。根据美国著名的技术创新经济学家，"内生经济增长理论"的创始人保罗·罗默（Paul M. Romer）提出的新增长理论指出，在知识经济中，知识作为一种重要的经济资源的投资已不再遵循收益递减法则，而是增加收益。

知识经济是一种在整个社会经济中以知识的生产、传播和应用效率为基础的经济形式。

知识经济发展得益于国家知识基础设施的支持。国家知识基础设施由高素质的人员、知识机构、知识网络和信息基础设施组成，以高素质的人才为载体，以知识机构为主体，以知识网络为渠道，以信息基础设施为基础，为创建、转让（传播）和应用提供支持。这是整个社会的知识和创新活动的基本条件。

在数字信息时代，先进的信息技术（网络和智能工具）被广泛地应用于经济和管理领域，利用信息管理和知识管理来管理和利用信息资源，不断提高社会生产力和管理水平。

人们可以在互联网上获取社会、公司和行业内的相关信息，实现传输、处理、再生和交互使用，还可以进行通信，控制和显示多样化的战略和决策信息并将其用于工作对象。网络在一定程度上构成了一个完整的基于信息的社会生产工具系统。在知识经济中，生产者主要使用信息技术，他们不再主要同物质资源打交道，而是主要同信息资源打交道；他们的大部分时间都花在信息符号的交换与处理上，而不是放在物资与能量的转换上。知识经济的生产工具主要是数字式的先进信息技术工具和设备，生产过程也将表现主要为信息的收集、处理和传播的过程，而不是物资的消耗或转换的过程。人们的消费过程也将主要表现为信息消费的过程。

知识经济和数字时代，社会财富向知识资本转化，资本自身日渐虚拟化，主要由各种符号组成，从可触摸的形式，如一纸文件，变成象征一纸文件的电子信号。数字信息技术环境中的经济、贸易、资本出现了虚拟化趋势，经济发展更多地依赖于电子信息流的传递，无形的电子信息流在很大程度上取代了有形的人员、物流传递。

网络化、信息化使得信息传递快速、准确，节省获取信息所需的时间和资金，从而极大地提高劳动生产率，大量地节约原材料和能源。保罗·罗默指出，因特网是以数字化技术为基础而建构出来的，由于作为数字化技术基础元素的 1 和 0 这些逻辑代码的范围是无限的，数字化技术及其发展具有内生的促进经济增长的作用。在由因特网创造出的一个数字化的世界中，人们将可能从分配和配置稀缺资源的限制中解放出来，从而使人类未来的经济发展基础更为牢固，经济发展的机制更加灵活。

信息不仅是财富的象征，而且是财富的源泉。人们利用信息资源，可以创造财富，但要使信息变成财富，要综合运用自己所具有的知识和智慧，知识较此前其他时候更有力量。由于信息泛滥，信息本身并不稀缺，但用于人们的实际用途的宝贵信息资源相对稀缺。为了从泛滥的信息中获取有价值的信息，知识的注意力已成为稀缺资源。处理好信息资源与注意力资源之间的关系，合理配置注意力资源，将知识和智慧变为现实的财富，这就是知识经济（注意力经济）概念提出的现实意义。

在物质极大丰富的当代社会，同类商品越来越多，彼此间的差异日渐缩小。商品的实用性已被视为理所当然，不再是主要考虑因素。消费者选择商品的依据是商品的附加价值。信息创造的价值正在增加商品的价值。消费必需品主要是消费者信息（知识、想法、创造力等）。

围绕网络兴起了网络经济和电子商务。网络可以提供一个信息丰富、交易成本低、人际摩擦较小、生产初消费中间环节少的虚拟市场；借助顾客信息等数据，网络经济将表现出"有区别的生产"和"有个性的消费"的新经济特征。

数字信息技术改变了经济管理体制、组织的形态和结构。新的网络经济体系是分子式经济网，固定不变的企业将被个体与小实体的动态组合所替代，学习性组织具有特别重要的意义。

信息消费与实物和劳务消费分开，成为一种独立的消费形式。信息消费具有数字化、全球化和自由化的特征。为了有效选择信息，用户需要使用诸如互联网之类的新媒体。因此，信息消费者必须具有一定的信息消费能力和信息消费的知识、经验。

二、知识经济环境给图书馆带来的机遇和挑战

作为知识经济时代的信息服务中心，图书馆的主导地位是其他信息机构无法比拟的。图书馆不仅拥有馆藏信息资源，而且拥有巨大的信息产品生产和加工能力。由于知识和信息已经成为社会发展的主要动力，在人们的认知中，知识和信息的重要性大大提升，这从客观上为图书馆创造了良好的需求环境，图书馆将在知识经济时代迎来更广阔的生存和发展空间。

随着知识经济的发展，图书馆的需求环境发生了很大的变化。在知识经济时代，随着信息技术的发展，信息来源、信息类型的多样化、信息内容的复杂性和信息服务的结合，都对传统的图书馆服务理念和服务模式提出了严峻的挑战。读者全面、快速、准确、新颖的信息需求在传统图书馆模式中是很难被满足的。面对广大用户个性化、特色化的信息需求，图书馆必须转变观念，找准定位，才能充分发挥自身优势和功能，在知识经济时代取得巨大成就。

各个级别和类型的图书馆不仅是知识组织的一部分，而且是国家知识基础架构中知识网络的一部分。图书馆必须提供适应时代发展的知识服务，以充分发挥其支持作用。

三、图书馆在知识经济中的新任务

第一，图书馆必须迅速、有效地将现有信息传递给用户，以便信息可以直接应用于社会生产的各个领域，并成为知识经济发展的动力。图书馆应提供不同深度的服务，如信息报告服务、信息跟踪服务、信息咨询服务和主题信息服务。

第二，数字时代的图书馆必须树立创新意识，增强创新能力。创新的关键是进行技术创新，主要体现在对先进信息技术的使用上。网络环境中的图书馆服务系统应基于自动化技术在各种工作中的广泛使用而建立。

第三，努力培训知识型图书馆馆员。知识型图书馆馆员具有较高的信息素质，掌握信息管理知识和经验，是知识经济社会中的复合型人才。

知识型图书馆馆员的优势主要体现在：①在先进的信息技术和社会需求之间架起桥梁，直接促进知识经济的发展；②具有强烈的科学技术意识和关于市场信息的快速反应力、准确的判断力以及最大限度地参与信息市场的机会；③有较优厚的技术积累，为信息服务工作连续创新提供充分的条件；④一般都具有较高的文化素质。

第四，推广增值信息。信息的附加价值包括两个方面：一是信息本身增加了可用价值；二是图书馆提供的信息具有新的附加价值，即经济和社会效益。

在知识经济时代，图书馆在增值信息中的作用如下。一是注意客观地限制社会经济兴衰的重要信息，加强动态信息的监控和捕获，使用先进的大容量分析工具查找和检索信息。二是提高信息使用率，使其适合各种目的。根据用户要求过滤信息，并尝试使其变得系统和有逻辑。对于特殊应用，只需要进行很少的处理，使信息在复制后适合连续使用需要。三是及时更新和维护信息技术，使现有信息的传输从静态变为动态，从点和线到平面、空间，增加了信息使用的灵活性。四是及时评估和反馈信息，通过分析这些反馈材料，及时了解所提供信息的使用效果和所产生的社会效益，改善信息服务，从而提供更新、更合适的信息，使信息更直接、更迅速地影响社会经济，达到信息增值的目的。

第五，知识经济的发展促进了图书馆的组织改革和管理创新，主要包括科学部门的配置，扁平化的管理体系，矩阵式组织结构，突出的柔性管理，强调人文关怀等。

第六，知识经济的发展导致各种信息咨询公司、剪报公司、数据信息中心等机构的出现，形成了多样化的信息环境，用户可以选择从多种渠道获取知识信息。知识市场的出现使图书馆的活动面临着来自在线媒体和其他信息机构的竞争。为了在激烈的市场竞争中占据一席之地并应对知识经济的挑战，图书馆必须灵活地理解和使用新的营销理念并制定新的营销策略。可用于图书馆的营销方法有知识营销、在线营销、体验营销、个性化营销、绿色营销等。

知识营销是一种基于全面、动态和多层次的市场需求观点的新营销概念，是以知识为中心，并致力于在获得知识的基础上开发新知识，以满足读者的知识需求。

在线营销是指图书馆在互联网上建立网站，构建虚拟图书馆，展示其知识产品和服务，吸引读者，进行在线营销。读者通过互联网使用数字图书馆提供的服务并通过互联网提供有关图书馆服务和建设过程的反馈意见，使图书馆可以根据读者的需求调整数字图书馆信息资源建设服务的策略。

数字时代领先的图书馆产品是知识密集型信息产品，读者只有在使用和体验许多信息产品后才知道其价值。因此，数字图书馆应注重体验营销，如为读者提供免费的导航测试机会。

个性化营销是指从图书馆产品概念到产品使用结束，为满足读者的个性化需求而进行的各种营销活动，又称客户个性化或个性化服务。

绿色营销是指图书馆在整个营销过程中整合信息、环境意识和社会意识，为读者提供节省资源的产品和服务，以促成资源的合理使用并符合社会道德。绿色营销指使用合理和科学的服务方法来满足读者对保护环境和身心健康的需求，其主要目的是通过市场营销来保护和改善知识的生态环境和社会环境，并积极开发文献信息资源，以确保读者使用产品和服务的安全性和便利性。图书馆知识提高人们的知识素质和文化素养。实施绿色营销策略需要图书馆在线过滤、整理信息，并向读者提供有关科学和健康知识的信息产品。

第三节 数字时代图书馆的文化环境

一、信息文化环境的形成

在数字时代，与信息技术发展相适应的信息文化环境形成。

信息文化是人们借助信息资源和信息技术参与信息活动所形成的文化形式，是信息社会特有的文化形态。计算机技术、通信技术、网络技术、多媒体技术、虚拟现实技术、大众通信技术和其他信息技术在信息文化的形成中起着决定性作用，并且信息文化是一种技术文化。随着互联网的兴起而形成的网络文化是信息文化中重要的部分，但是网络文化与信息文化并不相同。

作为一个大系统，信息文化可以分为四个子系统：信息文化的物质形态子系统、信息文化的精神观念子系统、信息文化的系统规范子系统和信息文化的行为子系统。

本书主要分析信息文化的精神观念子系统，这是信息文化极重要的组成部分。

信息文化的精神观念子系统主要包含两方面的含义。

一方面，人类文化中的精神文化概念，从意识形态、政治、宗教、历史、科学到文学和艺术，都是人类知识的具体体现，语言和文字之间的交流越来越多。因此，精神文化是交流的重要手段，是信息文化的重要体现。

另一方面，信息技术及其产品，如文学和媒体，是人类精神文化的重要组成部分。信息技术及其产品不断丰富人类社会的精神文化。

信息文化的精神观念子系统是信息文化的核心。精神观念不仅是信息文化的成就，而且对信息文化的建设起着积极的指导作用。作为信息文化的成果，信息社会里形成了新的时空观念、新的价值观念和财富观念；科学技术文化对社会文化的渗透作用加剧；大众文化在信息传播中扮演着重要角色，文学艺术的形式也发生了变化。

二、数字信息时代新的时空观念

信息的迅速出现、老化和更新已经改变了人们对时间的感知。奈斯比特指出：在农业社会中，人们习惯于用时间来回顾过去；工业社会时代的趋势是关注当前；信息社会的趋势是关注未来。变化如此之快，往往使人无法借助经验迅速做出反应，不得不转而学习如何预测未来。信息环境的迅速变化，使人们的心理时间缩短，产生"人生苦短"的心理。

信息技术的发展虽然使传递、处理信息的时间减少，但人们又要面对更多的信息处理活动，这样，信息技术的发展又不断面临着时间的短缺。

信息技术使社会生产效率不断提高，在较少的时间里创造更多产品的能力增强，时间的经济价值增加，时间也就越显得稀缺。

三、信息世界观的确立

信息、物质和能量共同构成世界，信息具有不可替代性，有些人甚至认为信息可以弥补物质和能量的短缺，有了信息，就可以从零开始创造。

四、信息价值观的确立

根据信息的特性，信息在附加值中的作用日益突出。致力于生产、传播、消费信息和知识的部门数量在不断增加，雇用的人数也在迅速增加。在 GDP（国内生产总值）中，信息产业和服务业的表现优于制造业。在农业和工业制造的传统领域中，信息作为生产要素也发挥着越来越重要的作用。信息所有者在竞争中占据有利地位，权力从资本占有者转移到专业技术人员，即信息提供者。

随着信息经济和知识经济的发展，新价值观念应运而生，即知识就是财富。但是，并非所有知识都一定带来财富，知识的价值取决于它贡献的物质财富或资本的数量。因此，在信息社会中，可以被称为"财富"的知识有以下几类：①可以转化为实物和资本的知识；②可以为实物产品增加价值的知识；③与组织管理有关的知识，其可以使知识转化更加有效。

五、信息崇拜

诸如计算机、通信和网络之类的信息技术最初是人类处理和使用信息的手段，但是由于计算机和相关技术的强大作用，信息技术已经全面渗透社会生活。少部分社会成员"盲目崇拜"计算机随附的无数信息，过度形容互联网时代和数字时代，这说明了个别成员对信息的愚蠢盲目跟随。

在社会生活中，信息技术和信息文化使融合现代科学技术向集体趋势发展。随着计算机和数字技术的引入，这种趋势得到了加强。由计算机和数字化控制的综合技术的潜力已大大提高。就术语、规范和研究工具而言，各种科学正在接近信息技术。世界是在信息统一的基础上统一的。信息和人类的生存是紧密联系的，这使人们认为人类的生存不能与信息分离。

六、信息时代的大众文化

大众文化这个概念，在英文中有 Popular Culture（流行文化或通俗文化）和 Mass Culture（大众文化）两种说法，均指商品化社会中的市民文化。有人认为 Mass Culture 应当译为"大量文化"，主要指机械复制时代的文化。法兰克福学派的本雅明和阿多诺称其为"文化产业"。大众文化是城市工业社会或大众消费社会的特殊产物，是在大众消费社会中通过印刷媒体和电子媒体等媒介传播的文化产品，其明显的特点是主要为大众生产，由消费产生，具有标准化和准个性化的特征。

大众文化是在工业社会中产生的，以城市公众为消费对象，它是一种由媒体生产的文化产品，它没有深度，没有模式，易于复制和产生。根据市场规律，大众文化产生于印刷、照相、电影、录音、录像等可以机械复制的信息技术及其产品。大众文化范围广泛，借助大众传媒进行传播，包括电影、电视、流行音乐、通俗文学、广告、时装、体育等文化范畴。

流行文化实际上是文化产业的产物。文化已成为大量生产的产品和消费品，文化活动已成为一种信息生产和消费活动，具有经济利益。

大众文化日益具有意识形态特征，导致人的异化。为适应工业社会大众文化"工具理性"和牺牲个性的法则，其影响延续至信息社会。大众传播作为现代科学技术的产物，不同于传统的文化传播，表现出巨大的力量。大众文化通过大众传播技术渗透到社会生活的各个方面。人们几乎无处不受到大众媒体的影响，文化成为一种不可替代的共享品。大众文化在生产和消费的各个方面的控制，使人们抛弃了自己的观念，越来越顺从社会的意识，个人清楚地表现为标准的"社会需要"的人，人们成为"片面的人"。

大众文化与传统的精英文化（如严肃音乐、古典文学、博物馆馆藏艺术品等）相互渗透，界线日渐模糊。在商品生产规律的支配之下，大众文化与精英文化的鸿沟逐渐被填平。这使传统的精英文化失去艺术创造与欣赏中的主流地位，屈从于在发达工业社会中流行的"俗化"趋势，精英文化被整合在大众文化生产之中，成为流行、时尚的源泉。

互联网增加了大众文化传播渠道。互联网兴起之后，人们普遍认为信息通信将从大众通信时代转移到个人通信时代。实际上这是一个误解。互联网并没有改变信息社会传播的基本类型，互联网信息传播仍带有大众传播的特性，大众传播媒介被整合到网络上，增加了对社会的控制力；人们选择信息的种类和方式仍然要受到时尚和流行的引导，只是选择的面更广而已。

七、图像信息主流传播符号地位的确立

多媒体技术的发明促进了图像信息的传播，并且信息量的增加使人们更愿意接受直观且易于理解的图像信息，放弃需要深入思考的信息。

以文字记录信息，信息的表达变得非直接了。与图像相比，文字信息要求用户具有较高的阅读和写作能力。而"看"这个能力是与生俱来的，人们通常可以根据生活经验和接受过的简单的教育来理解图像。而且，图像信息具有更强的亲和性，不脱离人们习惯的世界，顺从人的本性，不要求人改变，对环境和接受者都没有特殊的要求。因此，图像比文字更受欢迎。现代电信和视听设施的发展和创新，使以图像的生产和复制为主要来源的大规模大众文化产业成为可能。

八、信息文化环境中的图书馆

在信息文化的环境中，图书馆仍然具有生存价值，并将在信息传播中发挥重要作用。与其他信息传播组织和方法相比，图书馆在信息传播方面具有自己的优势。

图书馆是负责维护人类社会知识和文化资源的主要社会机构。这是非常独特的，并且在网络快速变化的虚拟网络环境中尤其重要。在网络环境中，图书馆可以作为科研和开发服务的电子文本中心以及社会信息技术中心而建立，还可以在网络环境中转换为数据仓库。数据仓库是一系列方法、技术和工具的组合，其目的是在信息高速公路上构建信息传输工具，并在统一平台上将数据传输给用户。简言之，图书馆的存在为知识跨越时间和空间做出了无尽努力，对知识和文化的保护具有深远的意义。图书馆不断维护的各种信息资源是信息传播和知识创新的源泉。

图书馆的工作方法，如分类方法、主题方法等，作为人类思维模式的具体体现，在网络信息建设与组织中，仍将发挥重要作用，从而促进信息文化建设。

图书馆将克服传统图书馆在信息资源、用户服务、组织管理、团队合作等方面的局限性，并与其他信息机构建立紧密联系，通过网络建立社会信息资源系统。

图书馆的发展方向和社会功能也将发生变化。核心任务从文件信息的传输、社会教育、文件保存扩展到信息资源组织和管理、在线信息导航、信息提供和资源交换、教育和培训。具体任务包括文件信息的数字化和信息的重组、信息的宣传和推广、网络信息的索引和组织、网络使用场所提供、网络定位和培训网络使用、网络信息的导航、图书馆的独立性各类知识产权数据库的建设、用于知识提取的人工智能系统的开发、参与网络协议和标准制定等。

图书馆还可以与大众传播媒介、网络服务商等联合构成"信息—经济共同体"，共同承担信息文化环境中的信息生产和传播职能。

信息文化环境中的图书馆必须重视图像信息的作用，加强图像信息资源的建设和服务。

第四节 数字时代图书馆的法律环境

数字时代，信息生产、传播、选择、利用等活动成为社会成员重要的活动，但对信息活动，特别是与网络相关的信息活动的控制和管理存在着诸多难题。原因在于这是一个十分复杂的系统工程，不同类型的文化冲突加剧，新的价值规范和利益分配机制的建立，信息的跨国界传播使国家安全受到冲击、挑战甚至威胁。信息犯罪主要借助网络进行，网络管理上的漏洞是网络信息犯罪得逞的重要原因。

为了确保信息活动顺利进行，调整与信息活动有关的个人、组织和国家之间的关系，必须对信息行为进行有效的社会控制，包括对信息行为、信息资源进行管理，制定国家信息政策，进行信息伦理建设、道德建设、信息法律法规建设等。信息行为社会控制系统调整的对象既包括信息环境中的各种行为，又包括各种利益在社会中的分配与冲突，还包括信息活动中的道德失范和违法犯罪等。这些都对数字时代的图书馆发展起到促进作用。

其中，信息法制环境建设是国家信息基础设施中最核心的方面，值得数字时代图书馆从业人员关注与研究。

一、信息法制建设的不足之处

当前，信息立法方面仍然存在许多空白，难以满足网络发展需求。

世界上存在着大量的信息行为失范和信息违法犯罪。信息行为失范是指在信息活动中违反信息道德的不道德行为，而信息违法犯罪是对信息活动造成重大损害的行为，侵害了人类社会的利益。在数字化高速发展的当下，应当加强信息道德和信息法建设，将道德的自觉内部控制与法律的外部强制力量相结合，为信息文化的健康发展提供保障。

（一）信息行为失范

①使用非原创软件；②接收和传播不正确的信息；③过度利用信息资源；④将限于教学和研究的信息资源用于商业目的；⑤网络服务提供商等未经许可泄露或转售用户信息；⑥社会、团体利用信息技术对个人的监视超过必要限度；⑦侵犯个人隐私；等等。

（二）信息违法犯罪

①黑客行为，如入侵计算机网络，侵犯计算机信息网络中的各种资源，包括在网络上存储和传输的硬件、软件数据，故意破坏、损坏、更改、删除程序、数据或文件，破坏和修改计算机系统和网络系统，故意造成网络信息传输的瓶颈，达到窃取金钱、信息和破坏或恶作剧的目的；②除工作范围外，未经授权访问任何计算机系统、网络、程序、文件和数据；③互联网欺诈，包括伪造和发布虚假信息以获取经济利益；④制造或传播破坏性程序，如计算机病毒；⑤使用互联网随机产生"信息垃圾"，并从事恶意活动；⑥侵犯版权和其他知识产权；⑦与电子商务相关的金融投机、偷税漏税等违法犯罪行为；⑧利用计算机系统从事危害国家安全的犯罪；等等。

二、信息法律建设的基本特点

法律是控制信息失范和信息犯罪的最有效手段。与信息活动有关的法律称为信息法。信息法是在信息环境中产生并受国家保护的。信息法规范的主要对象是信息关系，即执行信息过程——信息的产生、收集、处理、累积、存储、恢复、传输、扩散和消费之间的关系。当前，国内外信息法律建设表现出以下七个基本特点。

第一，加强信息社会的法律法规建设是全球趋势。法律是社会行为的最强制性规范，它起着规范社会成员的行为，调节社会利益和惩治违法犯罪的作用。由于信息活动中所涉及社会利益的复杂性，信息违法犯罪所造成社会危害的严重性，以及信息问题的超国界性，各国都加强了与信息相关的政策、法律法规的建设。

第二，网络信息活动不存在治外法权。加强与网络相关的信息活动和犯罪控制是各国信息立法的重点。

第三，信息法律的类型广泛多样。信息活动所涉及的领域十分广泛，因而信息法律的类型也是广泛多样的，主要包括计算机、通信、网络、大众传播、知识产权、电子商务、信息产业、信息基础设施建设、国家信息政策等方面。此外，信息活动与其他社会活动的交叉现象十分突出，因而在许多部门法中都有涉及信息活动的内容和条款。

第四，除了制定有关信息的法律法规，还应对现存法律条文进行修订扩充，以适应信息环境中信息活动的新特点、新问题。

第五，信息法律的建设和信息伦理的建设同等重要。信息伦理意识维护着信息社会和信息活动的正常秩序，但是信息伦理的内在化取决于法律的加强。信息伦理与信息法律相互配合，形成了信息社会的调节机制。建立信息伦理的目的是加强网络用户的道德教育，实行信息行为的自我控制，以弥补法律控制的不足。

第六，以技术手段弥补信息法律的不足。如提高信息安全技术水平，可有效地防止危害信息安全的违法犯罪行为，采用过滤软件可在一定程度上控制淫秽信息的传播。

第七，信息文化环境对信息法律建设产生较大的影响。如东西方对知识产权的不同观念，造成东西方在知识产权法制定上的差异。

三、信息法律法规及协定的类型与主要作用

按照信息法律法规及协定所调整的对象，可以将它们划分为如下11种类型（许多法律在调整对象上存在着交叉现象）。

①国家信息化、信息基础设施建设；②计算机系统和计算机安全；③通信及通信安全；④网络管理及网络安全；⑤知识产权保护；⑥个人隐私保护；⑦大众传播，包括关于新闻、出版、广播电视等方面的法律法规；⑧电子商务；⑨信息产业发展；⑩计算机证据与诉讼；⑪信息安全。

涉及信息活动的违法犯罪行为侵害了社会信息安全，维护信息安全方面的立法工作十分重要。信息安全涉及信息活动的每一个领域，上述各种信息法律法规

及协定类型中都有信息安全方面的条文,有的法律还是专门针对信息安全问题的。

信息法律法规及协定在信息安全方面主要作用如下。

第一,针对计算机系统、通信系统、网络系统的违法犯罪行为进行防治,涉及计算机服务盗窃、非授权的计算机使用、破坏计算机设备或配置、制造和散布计算机病毒等行为。

第二,使用计算机和网络作为工具来预防和控制非法行为和犯罪行为,涉及计算机欺诈、财务欺诈、计算机盗窃和其他行为。

第三,防治黑客犯罪,涉及黑客非法侵入网络与网站,修改数据、堵塞通信信道、拒绝服务等行为。

第四,防治网络上出现的色情等不良信息传播,涉及利用互联网电子公告牌等手段发布不良信息,利用互联网进行针对青少年的侵害行为等。

第五,防止侵犯个人隐私,包括诱使网络服务提供商和其他人未经许可披露或转让客户信息,盗用他人的名字或肖像;对他人隐私进行无理侵犯;暴露他人私密的生活等行为。

第六,防止侵犯知识产权,如侵犯出版权、修改权、复制权、演绎权、发行权等。

第七,解决电子商务活动中的信息安全问题,像数据加密、身份验证工作、电子邮票问题。

第八,防止信息自由对国家和公众利益的危害,涉及泄露国家机密、企业经济信息和个人秘密等问题。

第九,防止越境数据流危害国家安全,涉及利用互联网进行敌对性宣传、诋毁、策反等行为。

四、数字时代图书馆的法律问题

数字时代的图书馆与信息技术有着极为密切的关系,图书馆不仅要重视与图书馆有关的法律,同时要注意对整个信息法制体系进行研究,利用法律保障图书馆及用户的权益,避免侵犯知识产权问题的发生,保证图书馆建设顺利进行。

数字时代图书馆建设可能面临的法律问题主要有数字图书馆民事主体地位的确立问题和图书馆文献信息建设与利用中的著作权问题与合理利用问题。

图书馆工作和管理过程中,可能会承担的法律责任主要包括民事责任、行政责任和刑事责任。

其中，民事责任是图书馆最可能承担的法律责任。图书馆可能承担的民事责任包括：①图书馆在买卖合同、赠予合同、技术服务合同、租赁合同、承揽合同、建设工程承包合同等方面的违约责任；②图书馆的民事侵权责任，图书馆工作最有可能侵犯的就是知识产权，尤其是著作权，包括在馆藏资源数字化过程中，未经许可通过信息网络传播著作权人受保护的作品，非备份用的软件刻录，图书馆计算机安装、使用盗版软件，网页制作的某些超文本链接未经授权从而损害权利人利益，图书馆自建数据库侵犯著作权人合法权益，私自影印外刊或购买影印外刊，图书馆音像服务工作未取得合法授权，工作人员或用户利用计算机终端实施侵权行为等。

图书馆若有利用未授权的信息资源牟利，接受销售商的贿赂，违反消防安全法规等行为，相关责任人需承担行政或刑事责任。

第六章　数字图书馆推广工程

为发挥数字图书馆的最大效益，应该以开放、融合、创新的理念，连接全国各级各类数字图书馆，实现信息双向互通和资源共建共享，构建覆盖全国的数字图书馆服务体系，形成基于新媒体的图书馆服务新业态。数字图书馆推广工程将承担这一重要任务。

第一节　数字图书馆的概念模型

一、用户界面

应当使用简洁、统一、规范化的操作界面，便于用户一目了然，进行了解和学习，并且掌握使用方法。

二、网络和通信系统

互联网是当前数字图书馆得以实现的网络环境载体，可通过它获得大量的信息资源。网络和通信系统包括在一个单位内建立的区域网络，以及建立的地区、国家和国际通信网络和系统。

三、信息资源和检索、发布系统

就长远观点而言，应建立国家级的"知识银行""文献数据库系统"，供数字化图书馆共享。

四、数字化图书馆的咨询系统

数字图书馆咨询系统通常分为自助服务系统和帮助请求系统，这是数字图书馆的重要组成部分。前者可以在客户端展示读者入馆指南内容，并自动引导读者使用数字图书馆。目前，大多数电子信息中心都有自助服务系统。后者是读者寻求帮助的系统。数字图书馆应该设置多名信息参考咨询人员，接受在线咨询，并随时为读者提供信息查询服务。数字图书馆已经有了示范单位，有些图书馆已经使用专家系统部分解决了读者面临的一系列问题。帮助请求系统应该帮助用户逐步解决问题，而不是打断读者搜索；系统管理员也可以监控这些活动，了解信息专家如何解决问题。

第二节 数字图书馆推广工程要点

一、数字图书馆推广工程的建设内容

促进国家数字图书馆项目的概念、技术和标准推广，建立一个覆盖国家公共图书馆的数字图书馆虚拟网络，建立一个分层的分布式图书馆小组。以互联网、移动通信网络和电气网络为渠道，为政府立法决策、科学教育和研究以及公民学习提供多层次、多元化、专业化和个性化的数字图书馆服务，以建立一个基于新媒体的新服务模式。

二、数字图书馆推广工程的总体架构

数字图书馆推广工程的总体架构主要包括基础设施、分布式库群、运行支撑、业务支撑、服务应用以及保障体系。

（一）基础设施

基础设施主要由网络通信系统、存储平台、计算机服务器等组成，它是连接数字图书馆虚拟网的必备条件，也是实现全国各级数字图书馆互联互通的基础和前提。

（二）分布式库群

分布式库群建立在各级图书馆丰富的馆藏和数字资源建设成就的基础上，包括大量分布式公共文化资源和图书馆群体，是联合建设和共享数字资源的资源基础。

（三）运行支撑

运行支撑通过建立数据登记、运行管理、任务管理、虚拟网管理等系统，实现各级数字图书馆之间的资源访问权限管理、数据互访、数据共享和数据集成等功能。

（四）业务支撑

业务支撑是指在管理数字资源生命周期的整个过程的概念下，构建、保存数

字资源等的中央商业系统。并将这些核心业务系统在各级图书馆分布式部署使用，形成全国范围内分级分布的资源建设、加工、存储调度体系。

（五）服务应用

服务应用可实现资源之间无缝互连，建立贴近用户习惯的统一检索系统，并通过知识组织技术，建立知识之间的关联，形成知识网络，并全面整合图书馆的参考咨询、馆际互借、文献传递、联合目录等资源，在数字图书馆推广工程的服务系统中充分发挥作用。

（六）保障体系

保障体系主要包括标准规范体系、评价体系以及培训机制。其通过定义数据标准、技术标准、各种运行机制，保证各级数字图书馆数据共建共享的一致性、规范性和互操作性。

数字图书馆的建设是一项系统工程，建立和服务数字图书馆所涉及的内容和技术在不断发展，公众和行业都已加深了对数字图书馆的理解。数字图书馆的建设必须是开放和创新的。数字图书馆推广项目将创建一个覆盖全国的数字图书馆服务系统，以开放性、集成性和创新性推进信息资源共建共享。

第三节　国家数字图书馆工程

国家数字图书馆工程是运用现代高新技术所支持的国家级数字资源工程，涉及信息资源加工、贮存、检索、传输和利用的全过程，是国家信息化建设不可缺少的内容，是知识经济的载体，是一项跨地区、跨部门、跨行业的宏大的民族文化工程。

一、数字图书馆的核心

技术的发展和高科技产业链的形成将对我国信息产业的整体水平产生不可估量的影响。数字图书馆是知识经济的重要载体，为知识传播提供了新的手段，可以突破时间和空间的限制，为全民教育创造良好的环境，为获取信息提供便捷的手段和丰富的内容。因此，数字图书馆的建设无疑具有重要的战略意义。

二、子项目建设

为充分利用国家图书馆现有技术力量，对系统运维队伍进行培训，根据建设目标分解施工任务，成立项目小组，由相关图书馆部门组成，负责提出具体业务要求，配合中标人完成项目实施并参与项目验收。

三、标准规范

国家数字图书馆标准规范研制工作以开放性为原则，采取竞争性谈判方式向社会各界，尤其是文献信息机构发出广泛参与研制的邀请，开发标准规范项目，如汉字属性字典、古籍用字规范、古籍全文版式 XML 规范、元数据规范、对象数据规范、资源统计规范等。同时对数字资源进行长期保存，规范元数据管理和特殊的元数据，以用于研究。

数字图书馆标准体系主要由数字资源建设标准、数字图书馆应用服务标准、版权保护与权利描述标准和行业标准组成。其中，数字资源建设标准涉及数字对象的处理、描述、组织、存储、恢复和服务。要建立相应的标准技术规范，建立统一的元数据结构框架和相应的元数据描述、处理、转换、检索标准及相应技术标准；建立网上资源与相应技术规范和标准的收集、选择、分类、处理、使用方法。

四、虚拟网络

数字图书馆的虚拟网络可以方便、安全地传输数据，并进行数字资源的远程访问和远程交换。

每个库都使用互联网实现链接，通过 IPSec VPN 技术形成一个虚拟网络，以链接所有节点。作为数字图书馆虚拟网络的中心，国家图书馆可以与虚拟网络中的每个省市馆进行通信。

在虚拟网络上传输的数据主要有三种类型。第一种是数据服务，包括国家图书馆和各个地方图书馆的数字资源。图书馆访问者无须用户验证即可访问国家图书馆和地方图书馆的数字资源。第二种是生产数据，即国家图书馆与省市图书馆之间来自应用系统的商业数据交互，通过虚拟网络从数字图书馆传输生产数据，例如来自数字资源组织系统的数据。第三种是通信数据：虚拟网络可用于加强国家图书馆与各地图书馆之间的通信和联系，例如来自视频会议系统的数据。

当图书馆读者访问电子阅览室的数字资源时，虚拟网络通过分析目标地址来确定路径。如果访问虚拟网络资源，将通过 IPSec VPN 通道获取国家图书馆的数字资源，否则仍将与原始资源保持一致。

目前，数字图书馆扩建项目虚拟网络建设仍处于起步阶段。随着项目不断推进，未来将实现公共图书馆的网络互联。届时，更多的读者将享受虚拟网络建设带来的方便快捷的服务。

五、系统建设

（一）文献数字化加工系统

数字文档处理系统主要负责文档资源收集的数字化生产和处理任务，是国家数字图书馆数字资源建设和服务的起点以及数字图书馆的中央商业系统之一。数字文档处理系统使用扫描、数字水印等技术手段将各种传统文档资源转换为数字资源，并进行深度处理以生成元数据，然后将其与保存相关联，并提供数字成品管理功能。

（二）网页资源获取系统

该系统将网络资源的收集、存储、编目、发布等功能汇集在一起，为图书馆馆员提供了一个无缝收集、编辑、存储和读取网络资源的集成平台。

（三）数字资源组织系统

系统管理的资源类型包括文本、图片、音视频等各类数字资源，系统功能分为资源组织管理、资源发布管理、用户权限管理和设置统计管理几部分。

（四）版权信息管理系统

其提高了国家数字图书馆版权管理的总体水平，并在尊重、保护和使用版权方面对整个社会起着重要的示范作用。

第四节 数字图书馆推广工程标准规范体系建设

标准规范是现代图书馆发展的一个重要基础，是实现全行业协调协作的基本保障。随着计算机和互联网技术在图书馆领域的广泛应用，以及跨地区、跨系统图书馆合作的普遍开展，标准规范的重要性凸显。

一、数字图书馆推广工程标准规范体系建设的意义

数字图书馆推广工程是一个复杂的系统项目，其中包括构建软件和硬件平台，构建数字资源和数字资源服务。在项目建设之初，建立并遵循统一的标准和规范可以确保项目所建立的资源和服务是广泛可用、可互操作且可持续的。

（一）分布异构资源的共知、共享需要标准规范

数字图书馆推广工程将创建大量的数字资源，从源头来看，这些资源主要来自外包数据库、特色自建资源、收集和保存的网络资源等；从格式的角度来看，包括全文和文本图像；从类型的角度来看，完整的音频、视频、书目数据等意味着电子杂志、电子报纸、网络资源、会议、展览、旧书等。这些资源来自不同的数据库提供者，或由不同的图书馆分别处理，并在各个级别的数字图书馆系统中进行分发和存储。如果人们在工作过程中不遵循统一的标准，则会导致大量的数字资源无法被其他系统收集和使用。因此，有必要在构建数字资源的过程中建立一套标准规范体系，统一各种资源的公开、描述、处理、管理和保存方式，以实现这些资源的异构分布。

（二）分布式系统平台的整合、交互需要标准规范

数字图书馆推广工程的主体是全国各地的公共图书馆，将来可能扩展到其他系统的图书馆。根据其技术框架的总体设计，还将搭建用于建设项目的系统平台。各图书馆将根据自身业务特点和服务需求，继续建设定制化平台。这些平台一方面需要统一项目平台的资源保证和服务支持，另一方面必须提供平台可以共享或统一项目平台可以调用的资源和服务，实现数据库与统一项目平台的完美连接与交互。所有这些都基于统一标准规范，特别是每个平台与每个库的平台之间的数据交换和互操作性规范。

（三）分布式用户服务的普惠、均等需要标准规范

数字图书馆推广工程是一个重大的文化公益工程，其最终目标是随时随地为公众提供方便快捷的数字图书馆服务。为了实现这一目标，必须依靠现代信息技术弥补传统图书馆服务在区域差异方面的不足。例如，该工程将基于各种新媒体技术，为用户提供基于数字电视、手机和智能移动终端的数字图书馆服务。对于图书馆来说，这些都是新的服务领域，有必要为不同的终端建立资源标准，使符合标准的资源能够为用户提供特定的服务。

由于标准数字图书馆系统的特殊重要性，在任何数字图书馆系统的构建中，都必须遵循标准规范，并且始终通过数字图书馆来进行标准规范的构建。

二、数字图书馆标准规范体系建设现状

随着数字信息资源和网络信息服务不断丰富和发展，在不同系统之间共享数字资源和服务的需求变得越来越强烈，这推动了数字图书馆标准规范的建立。一

些重要的国内外文献信息机构、数字图书馆建设项目和标准化组织已经在数字图书馆领域对标准规范进行了广泛研究和实践。标准规范的主体逐渐从单个数字图书馆扩展到各种类型的数字图书馆合作系统。尽管中国数字图书馆标准规范建设相对晚于英国和美国等国家，但在积极吸收和利用标准建设的成就和经验的基础上，也取得了重要进展。这些建设成果为数字图书馆推广工程标准规范体系建设奠定了良好的基础。

（一）国外数字图书馆标准规范建设状况

一些世界领先的数字图书馆建设项目已经建立了一系列标准规范和指导文件，以指导和标准化其数字资源建设和服务，并确保项目建设的标准化。

（二）主要标准化组织

近年来，一些国际标准化组织在数字图书馆标准化方面取得了很大进展。例如，ISO、NISO（国家信息标准化组织）和W3C（万维网联盟）发布了一系列与数字图书馆建设密切相关的标准，广泛应用于数字图书馆建设，已成为数字图书馆建设的主要标准。

目前，国际上已经形成了比较完整的数字图书馆标准规范体系，以及开放的标准规范联合构建机制和应用机制，我国可以充分利用其成熟性和优势，为采用先进机制和加快建设步伐提供良好条件。

三、我国数字图书馆标准规范建设的五个阶段

（一）以跟踪研究国外标准规范为主

这一阶段在数字图书馆建设初期，个别机构主要以跟踪研究或开展试验项目研究为主。

（二）以描述性规范的研制为主

在这一阶段，中国的数字图书馆开始进行大规模文献数字化。为此，关于DC和其他描述性元数据规范的研究达到了高潮，并建立了许多元数据规范。

（三）数字图书馆标准规范体系建设

随着数字图书馆建设标准规范的深入研究，业界逐渐发现，数字图书馆的标准规范不仅仅是描述性规范（元数据），必须从系统框架的角度对数字图书馆的标准和规范进行研究，建设数字图书馆标准规范体系。

(四) 从研究层面走向结合具体应用的实践层面

我国在建设数字图书馆过程中，一直比较重视标准规范的建设与发展。随着数字图书馆建设从研究走向实践，在研究国外相关标准规范的基础上，我国相继启动了一些国家级大型数字图书馆建设项目，依托特定项目、特定单位，分别制定了一系列指导项目来建设数字图书馆标准规范体系。

(五) 标准化进程加快，国家或行业标准相继分布

在此阶段，影响较大的组织如下。

1. 全国信息与文献标准化技术委员会

它是一个基本的标准化组织，其工作范围与 ISO 技术委员会的工作范围相同。

全国信息与文献标准化技术委员会的成立标志着我国的科技信息工作、图书馆管理、出版格式和编辑工作逐步向标准化过渡。

全国信息与文献标准化技术委员会成立后，制定和颁布了几十项国家标准。这些标准的实施，为推进我国信息、档案、出版等行业的标准化和信息化建设做了大量卓有成效的工作。

2. 全国图书馆标准化技术委员会

全国图书馆标准化技术委员会的工作领域主要是管理、服务、分类和保护稀有图书馆书籍，在图书馆环境等领域实现标准化。

四、数字图书馆推广工程标准规范体系

要实施数字图书馆推广工程，首先必须继续遵守标准原则。基本思想是在国家数字图书馆已经形成的标准规范的基础上，借鉴各个层次和类型的成熟图书馆的标准规范，结合推广工程的实际需求，建立规范体系以及更全面的数字图书馆推广工程标准。发展适用的标准和规范，并指导地方政府制定相应的标准应用指南，以实际指导数字图书馆推广工程。资源服务以及软硬件平台的建设需确保标准化，以促进数字图书馆的发展。在此基础上，努力形成一批与数字图书馆有关的国家标准和行业标准，为国家数字图书馆的标准化建设和标准化进程做出贡献。

(一) 建设原则

数字图书馆推广工程标准规范体系建设的主要原则如下。

1. 标准规范先行原则

要遵循标准规范先行原则，让标准规范指导和约束工程建设。

2. 成熟标准的优先原则

首先选择已经成熟应用的国际和国家标准，或者已经被广泛接受的行业标准和事实标准，研究必须充分参考我国现有数字图书馆标准规范的实际成果。

3. 联合、开放、公开原则

信任国家标准化组织，例如全国图书馆标准化技术委员会，以及许多具有标准制定和实施经验的文献信息机构、研究机构等。国家文献信息机构和专家应通过公众研究和专家示范广泛吸收该项目的研究开发成果。

4. 核心建设原则

以数字资源的建设和服务为核心，围绕数字资源的生命周期以及与中国信息处理标准有关的特征，计划数字图书馆的标准化。与网络通信之类的基本软件和硬件支持环境有关的标准主要采用相关行业的通用标准。

5. 注重应用原则

标准和规范应能指导数字图书馆推广工程建设，并应用于各种图书馆数字资源的建设和服务。

6. 大馆建设中小馆应用原则

在推进工程建设的过程中，国家图书馆及大型图书馆应承担参与建立标准和规范的责任，规范框架和体系以及标准规范的开放建设和应用责任建立的相关机制。中小型图书馆应积极运用工程推荐的标准规范指导数字图书馆建设，并对标准规范的修订提出建议。有能力的中小型图书馆可根据自身条件参与制定和建设一些标准和规范。

（二）体系框架与建设内容

围绕数字资源生命周期构建数字图书馆推广工程标准规范体系，主要包括数字内容创建、数字对象描述、数字资源组织管理、数字资源服务和数字资源长期保存五个方面。

1. 数字内容创建

数字内容创建的标准规范主要用于数字资源的内容创建过程，包括内容编码、对象标识、数据格式和其他内容。推广工程发布了一系列标准规范，例如汉字处理规范、唯一标识符规范和对象数据规范。汉字处理规范主要针对复杂的图书馆文献类型和大量汉字的特征,解决了字词处理偏移和文本布局减少的问题,完成旧书的数字化。唯一标识符规范是对数字资源进行统一的管理和编程,相当于给每个数字对象分配"识别卡"信息,方便有效调用各种类型的数字资源。对象数据规范主要是在创建和处理各种类型的数字对象(包括文本、音频、视频等)时必须遵循的标准规范。

2. 数字对象描述

数字对象描述的标准规范主要是指数字资源描述元数据的相关规范。随着数字图书馆的发展,传统的文献描述和披露方法已经不能满足现有的需要。都柏林核心元数据逐渐出现并得到使用,已成为国际标准,也是我国参考的标准。

3. 数字资源组织管理

数字资源组织管理中的标准规范是专门针对数字图书馆建设中的组织管理问题而建立的,包括知识组织、版权管理、数字对象管理等。

4. 数字资源服务

数字资源服务的标准规范是指数字图书馆必须遵循或在网络服务、搜索服务和应用程序服务中建立的标准规范。当前,推广工程已经在新媒体服务(例如数字电视和移动设备)上做了很多工作,并且这方面的标准和规范也亟须建立。

5. 数字资源长期保存

数字资源长期保存的标准规范包括保存策略、元数据保存和资源打包。数字资源的长期保存是数字图书馆建设中的一个重要内容。鉴于数字资源的巨大性和复杂性,有必要制定一套支持规则,以实现数字资源的长期保存和可持续利用。

(三) 已有标准规范

根据已完成的标准和规范,几十个公共图书馆、高校图书馆、科研院所图书馆共同组成标准编写组,结合数字图书馆推广工程建设的需要,对国家数字图书馆工程相关标准规范成果进行了修订,并广泛听取了业界专家意见。这些标准将陆续作为行业标准出台,供推广工程建设使用。国家数字图书馆工程已有标准成果和标准应用指南,可以供各馆建设数字图书馆时参考采用。

五、重点核心内容

针对推广工程的建设重点,介绍唯一标识符、元数据管理和对象数据管理的相关标准规范。

(一) 唯一标识符相关标准规范

唯一标识符是用于识别实体（对象）的完整系统，该系统等效于数字对象的"身份证"，并且是调用和有效管理数字资源的基础。图书馆数字资源唯一标识符（LDOI）是由中国数字图书馆在对国际公认的唯一数字对象标识符（DOI）规范等进行广泛研究的基础上，结合构造需求开发的。相关规范系统规定了 LDOI 系统的体系结构，指导并规范了数字图书馆唯一标识系统的建立和应用。

(二) 元数据管理相关标准规范

图书馆当前使用的元数据主要采用传统印刷文档的格式。鉴于数字资源的特征，当前对资源的描述和组织的规范已不能满足数字资源的传播和组织的需求，需要开发一套元数据规范系统，以指导数字资源元数据的改造。

建立包括基本元数据、专用元数据、管理元数据和保存元数据的工程元数据规范系统。其中，基本元数据是一组适合描述、管理和保存各种类型的数字资源的基本元素，是在 DC 元数据的基础上建立的。从数字资源生命周期管理的角度构建管理元数据，构建数据模型和数据字典，包括采集、处理、服务等资源管理。

(三) 对象数据管理相关标准规范

对象数据管理相关标准规范主要用于数字化处理和管理各种类型资源。其数字对象包括文本、图像、音频、视频和复合数字对象。数字对象的创建和处理是数字资源建设的基础。当前，有许多用于各种类型的数字对象的格式标准，适用于不同类型的资源和不同级别的应用程序。为了规范数字图书馆资源建设，结合数字图书馆资源的位置，推广工程制定了数字资源对象管理规范以及文本、图像数据处理标准，音频和视频以及工作规范，详细说明所使用的数据类型和格式，根据出版物和长期存储服务的不同需求制定相应的应用程序级别标准和各种数据的处理程序。

六、未来发展建设

随着数字图书馆推广工程的不断发展，未来在标准规范体系建设方面还有大量工作要做。

(一) 进一步完善相关标准规范体系

目前，相关标准和规范主要集中在元数据和对象数据管理方面。根据建设要求，应以"技术标准为支撑，管理标准为指导，服务标准为应用"的原则为指导，进一步完善标准规范体系，特别是平台接口规范、数据交换规范、新媒体服务规范和管理规范，最终形成一系列能够满足数字图书馆建设需要的标准规范。有能力的图书馆应积极参与标准规范的研究、开发和修订。

也需要在工程实际建设过程中不断修订与完善已有标准规范，各馆在应用过程中应针对发现的问题或者改进的意见进行沟通交流。

(二) 针对重点领域加快标准规范的制修订

在基于数字资源生命周期的现有标准规范体系的框架内，国家数字图书馆制定了标准规范，可以在数字图书馆推广工程中得到更好应用。但是，随着推广工程的深化，新的服务形式逐渐形成，新的标准要求也随之产生。例如，随着图书馆资源类型变得越来越丰富，可能有必要建造书画、戏剧、互动资源、软件作品以及其他与元数据规范有关的新资源。随着服务范围的扩展，可能有必要为残疾人提供移动服务，为数字图书馆数字电视服务和无障碍服务相关的服务制定新的标准。推广工程的标准建设应采用开放的机制，也就是说，每个图书馆都应首先将标准的现有结果应用于推广工程。

(三) 推进已有标准规范成果的推广与应用

数字图书馆推广工程一直强调"标准先行"，目的是促进标准规范建设成果在工程建设中的实际应用。加强对现有标准法规结果的宣传和应用，是促进工程标准法规建设的重要内容之一。作为组织和协调单位，国家图书馆将积极组织有关标准应用的培训，并结合资源建设和平台建设来说明相关标准的具体应用。每个图书馆都应积极应用现有的项目标准，并结合图书馆的实际情况，制定标准应用指南，以便工程标准可以有效地指导每个数字图书馆建设实践。

第五节 数字图书馆推广工程软件和硬件平台建设

数字图书馆推广工程旨在促进国家数字图书馆的全部标准、软件和硬件平台的使用，以及推广在全国图书馆资源建设方面取得的成就，在建立文化虚拟专用网作为全国网络连接传输平台的同时，提高我国数字图书馆整体建设水平，促进图书馆事业发展。

在介绍数字图书馆推广工程软件和硬件平台的内容之前，简单介绍国家数字图书馆项目（也叫国家数字图书馆工程）的相关内容。

一、国家数字图书馆工程总体架构

国家数字图书馆工程是一个由各种应用软件组成的复杂多层系统。在该系统中，每个应用程序遵循一定的标准和技术规范，与统一的网络系统、硬件设备和其他基础设施平台兼容。软件之间存在功能关联、数据通信、交互协作等关系。国家数字图书馆工程总体架构分为基础架构、数据层、应用支撑层、业务应用层和用户层五个层次。

（一）基础架构

基础架构是国家数字图书馆工程总体架构的底层，包括网络设施、服务器、存储设备等硬件设备，基础架构是软件系统的载体，确保了数字资源保存和后续服务。

（二）数据层

数据层包含自建要素资源、业务数据库、书目数据和资源元数据，主要负责数字资源的组织和长期保存。数字资源的组织和管理是管理元数据和对象数据，并负责资源安全、资源的调度、权限的控制和服务的协调等。数字资源的长期保存包括资源存储、永久保存、异地备份、数据迁移。

（三）应用支撑层

在数字图书馆系统中，基于 SOA（面向服务架构）的应用程序支持平台无缝集成了国家图书馆的各种业务应用程序系统和工作流程，从而使数字图书馆平台具有可扩展性。随时添加到系统中的商业功能模块可无限期地使用数字图书馆的初期资源。

（四）业务应用层

业务应用层覆盖数字资源的全生命周期，形成数字图书馆应用系统的核心。首先，资源的采集和获取以及数字资源处理系统将各种类型的数据转换为有序的数字资源。然后，处理后的数字资源进入资源管理和组织系统，系统完成各种异构数字资源的整合，并以各种表达形式发布。最后，信息服务平台为用户和读者提供方便、快捷、安全、可靠、个性化的数字资源服务。

（五）用户层

用户层主要负责与数字图书馆用户和业务合作伙伴进行交互。在此层次上，需要为应用程序系统实现统一用户身份验证和单一登录，通过数字资源权限分类和调度，基于网络的应用程序将成为接口条目。应设置规则和统一的访问界面样式。

二、国家数字图书馆工程建设成果

经过多年建设，国家数字图书馆工程在软件和硬件平台建设、数字资源建设、服务体系建设、标准规范建设等方面成果显著。

（一）在软件和硬件平台建设方面

初步搭建高速网络传输系统、海量数字资源存储系统、高性能服务器系统等硬件基础设计平台，逐步构建围绕海量数字资源的生命周期管理基础软件平台。

（二）在数字资源建设方面

相关数字资源包括文本、图像、音频、视频和其他网络资源。

（三）在服务体系建设方面

服务范围涵盖互联网、移动通信网络、开放电视网络等，服务终端几乎涵盖所有新媒体终端，例如计算机、数字电视、触摸屏等。服务体系建设过程中的一系列创新已受到读者的广泛好评。

（四）在标准规范建设方面

在信息收集、处理、组织、保存、管理、服务等领域已制定了几十个标准和规范，专注研究和开发中国信息处理所涉及的关键技术和标准。此外，国家数字图书馆标准规范体系已基本形成。

三、数字图书馆推广工程软件平台建设

在推广工程中，构建软件平台是一个重要的内容。工程基础设施建设的顺利开展，为软件平台的建设提供了良好的硬件和网络环境。在实施推广工程时，每个省市图书馆都需要结合自身的具体情况，在已经进行的数字图书馆建设的基础上，整合现有系统的成果，完善软件平台建设。

（一）业务支撑配套系统

1. 统一用户管理系统

数字图书馆的建设伴随着应用系统的建设，但许多应用系统都有自己的用户管理模块，给数字图书馆读者信息的日常维护和管理带来了极大的不便。同时，由于缺乏统一的安全认证机制，用户信息管理和认证存在一定的安全风险。全国

数字图书馆应用统一用户管理系统可以对读者信息进行统一管理，为应用系统提供统一的用户认证和单点登录机制。

统一用户管理系统应集合在线注册、实名验证、单点登录许可控制等功能。该系统不仅可以在单个库中对每个应用服务系统进行单点登录和用户管理，还可以实现每个库之间的互信和认证系统登录，它为全国范围内的公共图书馆的资源交换和用户权限管理奠定了坚实的基础。

2. 唯一标识符系统

随着图书馆中数字资源的快速增长，重复构建和嵌套资源的情况很普遍。每个图书馆都有自己的数字资源识别系统和相应的阅读方法。对各种类型的数字资源进行统一管理以及对数字资源进行唯一标识是一种极为有效的提高数字资源利用率的方法。

独特的数字资源标识可以提高利用率。唯一标识符系统为图书馆的数字资源提供登记和解析服务，为图书馆数字资源的收集、组织、管理、服务和长期保存提供基础支持。独特的识别系统可以独立于物理位置、应用系统和协议，将海量的数字资源统一分布在图书馆中，提高利用率。

3. 版权信息管理系统

在数字图书馆领域，数字版权一直是热门话题。数字图书馆允许网络用户随时随地阅读、浏览和复制他们需要的作品。因此，数字图书馆比传统图书馆更容易涉及版权纠纷。数字图书馆的建设不仅要允许数字资源传播和使用，而且要保护作者的权利。

版权信息管理系统通过注册、维护和管理各种类型的数字资源版权信息，将版权信息交换为数字资源，形成数字资源版权信息的国家数据库，在每个库的授权范围内提供数字资源，并在合理使用范围内提供数据保护。

（二）个性化服务系统

1. 中国政府公开信息整合服务平台

中国政府公开信息整合服务平台将全国所有省、市、区和县的公共图书馆联合起来。国家图书馆将中央政府信息整合在一起，省、市和县图书馆将政府信息整合到其行政区域中。通过共同建设，实现政府公共信息综合开发中公共图书馆的整体协调发展。

2. 网页资源获取系统

网页资源获取系统是一种基于通用开源软件体系结构，用于收集、存储、回放、检索等的软件系统。该系统将网络文档保存为符合标准的文档，从而长期保存网络资源，同时为图书馆馆员提供无缝的平台来收集、编辑、存储和阅读网络资源。

3. 电子报纸触摸屏系统

电子报纸触摸屏系统实时从主要报纸收集电子报纸数据，将其标准化并分发给每个触摸屏终端主机，并及时将电子报纸内容呈现给读者，读者使用时采用新的交互式触摸阅读模式。

（三）软件配置标准

软件配置标准根据公共图书馆的职能分为省、市两级标准，应规范在推广工程实施中省级馆和市级馆的必配软件系统、选配软件系统，以及必配软件代替系统要求。

四、数字图书馆推广工程硬件平台建设

下面从硬件配置、虚拟网建设两个方面阐述数字图书馆推广工程硬件平台建设内容。

（一）数字图书馆推广工程硬件配置

《文化部办公厅关于印发"数字图书馆推广工程"省级、市级数字图书馆硬件配置标准的通知》为省市级数字图书馆硬件平台搭建提供了参考依据。该文件指出，"必配设备"需要各省市馆按照不低于标准要求的指标、数量、类型进行购买，"选配设备"需要各馆根据实际需求和所具备的条件选择性购买。但根据实际情况，特别是考虑到各省级节点所承担职能的差异，在硬件配置方案中各省级节点的配置和预算可以略做调整。

1. 硬件必配要求

省级节点的硬件必配设备为 VPN 网络设备、服务器、存储系统。VPN 网络设备用于组建虚拟网，配置标准中提到的两台是出于冗余的考虑以确保网络链路稳定运行；服务器是用于部署推广工程各应用系统；存储系统主要是为数字资源的存储加工服务提供数字空间。

市级馆的必配设备种类与省级馆相同，作为省级节点的一个分支节点，部署应用系统较少、负载压力较小，可考虑采用比省级节点配置低的 VPN 网络设备、服务器、存储系统以及其他硬件设备。

2. 硬件选配要求

考虑到各图书馆有文献数字化、数字资源采集、视频会议、基础业务运行和拓展服务等需求，各地方馆可以根据自身情况，选配网络设备、流量控制设备、PC、扫描仪、数码相机等。

（二）数字图书馆推广工程虚拟网建设

虚拟网建设的目的在于承载推广工程的各类业务系统，实现软件复用及资源的跨库检索、无缝链接。国家图书馆已经完成了与副省级以上图书馆的虚拟网络连接，部分省馆也通过虚拟网向到馆读者开放近二十种国家图书馆资源，效果良好。

1. 虚拟网全国组网技术选择及架构

（1）虚拟网主要承载的业务

虚拟在线传输数据主要有三种类型。第一，服务数据，包括国家图书馆和各种本地标志的自建资源以及外包资源，数据传输的特征是实时性要求高；第二，生产数据，即国家图书馆与省馆和市馆之间应用系统的商业数据之间的交互产生的数据，例如文件数字化系统等，其特征是数据类型复杂（资源数据、书目数据、控制数据），有实时性的通用要求和高带宽使用率；第三，视频会议系统等通信数据，其数据传输特征是数据类型独特，实时性要求高，带宽占用高。

（2）虚拟网组网技术选择

IPSEC [①] VPN 具有安全性和透明性特征，在网络层传输，并在网络层提供数据保护和透明的安全通信服务，最适合为不同网络提供通信安全保证，构建周期短且网络灵活。

（3）虚拟网全国组网架构

虚拟网络的一般网络架构是使用每个节点的互联网链接通过 IPSEC VPN 技术形成一个虚拟网络以互联每个节点。国家图书馆与省馆的网络以及每个省馆与市馆的网络可以相互连接。作为数字图书馆虚拟网络中心，国家图书馆可以与虚拟网络中的每个省市馆进行通信。

实现省级图书馆读者通过虚拟网络使用国家图书馆资源的方法：当省级图书馆的读者访问电子阅览室中的资源时，路径由目标地址的分辨率确定。如果访问了虚拟网络资源，则将使用 IPSEC VPN 通道获取国家图书馆的资源，否则仍将

---

① 一个协议包，通过对 IP 协议的分组进行加密和认证来保护 IP 协议的网络传输协议簇。

按照原始路由进行访问。

2. 虚拟网全国 IP 地址规划

IP 地址规划是虚拟网形成中的重要主题。为了避免 IP 地址冲突并满足 IP 地址可伸缩性要求，在使用虚拟网 IP 地址时，必须根据数字库虚拟网络计划使用地址段。每个省级标志都分配一个 B 类 IP 地址，每个省以下级别标志分配两个 C 类地址。

第七章　数字图书馆安全管理

第一节　数字图书馆网络安全管理

一、影响数字图书馆网络安全的因素

在网络环境下，数字图书馆的网络数据库向读者开放，在线传输和在线查询过程存在许多不安全因素。而且，一旦数据被破坏，损失非常严重。数字图书馆书目数据库是图书馆馆藏的代表，是读者阅读图书的渠道，是内部管理人员和服务人员的工具。数据库的建立工作量很大，需要投入大量的人力物力，一旦损坏，恢复十分困难，将造成经济损失。

因此，为了保证图书馆网络的安全，有必要对其进行系统分析，找出其中的不安全因素，从而采取有效的预防措施。不安全因素主要来自以下几个方面。

（一）在通信中数字图书馆网络的不安全因素

1. 网络自身的不安全因素

计算机网络本身存在安全漏洞。例如，互联网系统依赖的 TCP/IP 协议本身就存在安全缺陷，还有路由器、FTP（文件传输协议）等也都存在安全缺陷。

2. 非法入侵的不安全因素

入侵者利用网络传输的缺陷，使用一些非法手段，如窃听、电磁泄漏窃听等，破坏数字图书馆网络安全，如利用网络分析设备监测网络上传输的数据，通过中继节点的木马程序窃取敏感信息，使用网络探索工具软件（如嗅探器）窃取合法用户的注册过程（如用户名和密码），冒充合法用户访问网络资源；抢劫（接管）合法用户与网络资源之间的连接，以访问其无权访问的信息或通过其他非法操作获取或篡改信息。

(二) 软件方面的不安全因素

1. 网络软件安全功能不健全

许多软件都存在不同程度的缺陷。

2. 病毒入侵

网络技术的广泛使用为计算机病毒的传播提供了可乘之机,并且网络安全隐患正在加剧。一些被"黑"的软件通常包含致命的病毒,如果用户不小心使用了此类软件,在某些情况下,其携带的病毒可能会吞噬网络上的数据,造成网络瘫痪。

(三) 硬件方面的不安全因素

计算机中的硬盘和硬盘驱动器,是计算机存储的关键部件,也是较易损的部件,这是由硬盘本身的工作原理所决定的。若它们损坏了,会导致数据丢失,破坏网络安全。

(四) 内部人员方面的不安全因素

无论在什么样的情况下,人往往起着关键作用,在网络安全中也不例外。

1. 管理不严

不够重视、规章制度不健全,各种文件存放混乱,违章操作,从而造成不良后果。

2. 工作态度不好

个别人员缺乏责任心,保密观念不强,随机打印出系统保密字段,或向无关人员泄露口令等有关机密信息。

3. 道德品质差

例如,故意修改软件,使用非法手段访问系统,通过窃取他人密码和用户识别码获取信息,通过超越权限的非法行为获取或者操纵信息,使用硬件故障和软件错误非法访问系统或者破坏系统的部分内容。

(五) 环境不安全因素

除上述因素外,环境因素也威胁网络安全,例如地震、火灾、闪电、风灾、洪灾和其他自然灾害,温度和湿度的冲击,清洁度的降低,以及电源故障(如停电)等。

二、解决网络安全问题的对策

数字图书馆的网络安全问题是一个不容忽视的问题。只有正视问题，才能从根本上解决问题。根据网络安全技术的具体模式，找到相应的对策来解决网络安全问题是明智的。图书馆应采用各种安全技术和管理措施，使网络系统正常运行，以保证数据的可用性、完整性和准确性，包括图书馆自动化系统数据库。在具体的技术模型中，常用的对策包括以下几种。

（一）密码技术

这是最基本、最有效的信息安全技术。传统的身份验证方法是通过判断用户的用户名和密码来进行身份验证。其他身份验证方法包括指纹识别等。

（二）入侵检测技术

该技术可分为三种主要的入侵检测架构：基于主机的入侵检测系统、基于网络的入侵检测系统和混合分布式入侵检测系统。

（三）防火墙技术

由于技术的飞速发展以及各种病毒和非法入侵方法的出现，数字图书馆可以充分利用防火墙提供的功能来建立自己的在线安全系统，从而确定信息的类型。交换的数据要经过验证，符合要求的数据会被释放，不符合要求的数据会被拒绝。

（四）信息伪装技术

目前，信息伪装技术主要有电子水印技术和纹理映射技术等，因为看起来像普通的非机密信息，所以比较容易逃脱拦截器的拦截。

三、数字化图书馆网络安全的保障措施

（一）网络层的安全防护

网络层的安全防护是通过网络入侵监测系统和企业内部网防火墙来完成的。检测到入侵或异常行为后，相关安全防护系统将实时显示网络入侵监测系统控制台，并根据预定义的事件响应规则发出报警，提供报警信息，将其写入日志进行审计验证。

（二）系统层的安全防护

应采用漏洞扫描技术定期扫描操作系统和数据库系统中的安全漏洞和不正确

设置，并应尽快采取纠正措施，避免造成多重损失。

（三）应用级的安全防护

应用级的安全防护是指安全管理。加强用户的安全管理是非常重要的。要制定强有力的安全管理体系，建立安全管理平台，提高用户安全防范意识，提高全体员工的网络安全意识。

四、数字图书馆服务器网络安全防范措施

（一）组件的安装和定制

一些默认安装的常用组件是非常危险的。米特尼克（Mitnik）是美国著名的"黑客"，据说他可以访问默认情况下安装的任何服务器。用户应该了解数据库操作和服务交付的功能，仅安装真正需要的服务组件。

（二）补丁的更新

Nimda（尼姆达）病毒借助 Windows 网络安全漏洞进行传播，它的破坏力很明显。某些数据库与 SP3① 不兼容，人们只能下载单独的补丁来填补安全漏洞，应在安装所有应用程序之后完成补丁程序的安装，因为补丁程序通常需要替换或修改某些系统文件。如果先安装了补丁程序，然后安装应用程序，则补丁程序可能无法按预期工作。

（三）账号管理

许多网络管理技术人员都知道可以在注册表中更改 Local-Machine \ System \ Current Control Set \ Control \ LSA-Restrict Anonymous=1 来禁止空用户连接，实际上，Windows 本地安全策略（如果是域服务器，则在域服务器安全和安全策略中）具有该选项"限制匿名"（对匿名链接的附加限制），选项具有三个值。

0：None. Rely on default permissions（无，取决于默认的权限）。

1：Do not allow enumeration of SAM accounts and shares（不允许枚举 SAM 账号和共享）。

2：No access without explicit anonymous permissions（没有显示匿名权限就不允许访问）。

值"0"是系统默认值，没有限制，远程用户可以知道计算机上的所有账户、组信息、共享目录、网络传输列表（Net Server Transport Enum）等，对于服

---

① Windows XP 的第三个补丁包。

务器来说，这种情况非常危险。值"1"仅允许合法用户访问 SAM 账户信息和共享信息。值"2"仅与 Windows 兼容，请注意，如果使用此值，则所有共享将被删除，并且某些数据库将无法正常运行。

内置系统管理员也是一个漏洞（黑客可以使用蛮力方法轻松地对其进行攻击）。针对系统管理员，可以右键单击服务器上的计算机管理用户账户，然后重命名。同时，选择的密码必须足够长并且定期更改。

总之，数字图书馆依靠网络环境来进行大容量存储服务器检索和数字文档传输，服务器网络安全防范措施至关重要。黑客们可以使用黑客程序自动扫描发现有漏洞的服务器并对它发动攻击。笔者认为只要认真执行上述几点措施，那么数字化图书馆的网络安全率就可以达到 85%。

第二节 数字图书馆信息安全管理

随着信息安全意识的提高和信息安全需求的落实，构建面向各领域的信息安全保障体系将成为信息安全行业的不可逆转的趋势。

一、数字图书馆信息安全相关理论要点

（一）信息安全的内涵

信息安全的含义具有狭义与广义之分。狭义的信息安全是指信息安全问题本身，包括信息系统和网络中处理与存储的数据泄露、伪造、操纵和拒绝，也称"数据安全性"。

本书所讨论的信息安全是广义的，本书使用国际信息安全标准化组织的结构定义：建立和采用管理和技术安全保护数据处理系统、计算机硬件与软件数据不会因意外和恶意原因而损坏、更改或泄露。

由此可见，信息安全问题是系统的，涉及立法、技术、管理等多个方面。

1. 信息安全的层次性

从信息安全的作用上来看，公认的信息安全有以下三层。

（1）物理安全层

保证计算机设备、网络通信设备和各种媒体硬件的安全是信息系统硬件稳定运行、数字图书馆正常运行的基础。

（2）软件安全层

保证系统在计算机和网络设备运行过程中的安全，包括操作系统、应用系统

和数据库系统稳定运行,是数字图书馆安全的核心部分。

(3) 数据安全层

与信息系统和网络中的数据泄露、伪造、操纵和拒绝有关的安全性问题,这些数据包括元数据、对象数据和基本用户数据。

2. 信息安全的需求

(1) 保密性

它指保证数据的保密性,确保机密信息不被窃听,或窃听者不能理解信息的真实含义,这是最重要的基本信息安全要求。具体地说,它指能够保证对本方有用的重要信息具有高可用性,而对于其他人却缺乏可用性。换句话说,保密性是对对手的被动攻击,以确保信息不会泄露给未经授权的人。

(2) 完整性

它表示信息在存储、传输和使用期间保持不变,被破坏也不会丢失。换句话说,完整性可抵制主动的不利攻击,并防止未经授权的人员篡改信息。

(3) 可靠性

它指对信息完整性的依赖程度,也就是对信息安全系统的信赖程度。

(4) 可用性

它指确保在必要时,无论信息的处理时间和方式如何,用户都能访问信息,即确保信息系统可被授权用户有效使用。此外,可用性包括在某些异常情况下继续运行的能力。

(5) 可控性

确保参与者不能否认对数据的具体操作(如授权、发送、接收等),即建立有效的责任机制,防止用户否认自己的行为。

(二) 信息安全威胁因素分析

1. 客观威胁

数字图书馆信息安全客观威胁因素包括以下两点。

(1) 自然因素

自然因素可分为可控因素和不可控因素。可控因素可以通过某些措施预测,从而规避相关威胁。

(2) 硬件和软件因素

其中,硬件因素是要考虑计算机的配置是否合理以及机器的质量是否得到保证。

2. 主观威胁

（1）蓄意侵犯或敌意攻击

犯罪分子可以来自图书馆馆员、用户、相关的利益集团等。由于网络的开放、计算机网络技术的发展，计算机病毒和黑客程序的传播正在加速，破坏性也在增加。同时，攻击网络的方法越来越多。黑客不仅可以攻击整个数字图书馆计算机网络系统，而且可以攻击单个主机，他们会窃取数据，非法使用信息资源。

（2）管理因素

图书馆无法建立全面的安全管理系统，或者安全管理措施实施不充分，职责不明确，导致安全管理系统无法正常运行，将带来管理安全风险，造成安全漏洞并为攻击者提供机会。

（3）人为因素

人为因素一方面来自员工，另一方面来自用户。个别员工存在安全意识淡薄，个人责任心不强，缺乏必要的专业知识的问题。用户是使用数字图书馆的人员中最活跃、最个性化的，他们的计算机操作能力和使用要求可能对信息系统构成安全风险。

（4）法规和政策因素

信息资源的安全离不开健全完善的政策法规。然而，各国相关法律的制定和实施都有不同程度滞后，网络犯罪和网络侵权挑战传统法律。

（5）资金投入不足

由于经费有限，有些图书馆对硬件和软件的重视程度超过了建设和维护安全管理系统的程度，并且很少认真考虑信息安全问题。

二、数字图书馆信息安全研究

（一）数字图书馆信息安全研究现状

针对数字图书馆的信息安全，国内外学者进行了不同程度的研究。一些学者从理论层面分析了数字图书馆信息的安全性。21世纪以来，专家学者开始从技术水平、物理水平、管理水平和社会环境等方面对数字图书馆的安全性进行研究和探讨。随着信息的增多，数字图书馆用户将越来越多，越来越复杂，出于各种目的的入侵和攻击越来越频繁。多种计算机新技术的应用是保证数字图书馆正常运行，保护信息安全的必要条件。在技术方面，学者们从图书馆建筑安全和容错方面进行了研究，并从硬件设备安全和数据存储安全方面进行了初步探索。在管理方面，一些学者指出，随机或非法行为将直接威胁数字图书馆的信息安全管理。然而，这一领域的研究大多是以理论为基础的，在实践中还不够深入，没有详细有效的系统解决方案。

（二）数字图书馆信息安全现存问题

数字图书馆信息的安全问题是受许多因素影响的系统问题。此外，许多家庭图书馆对信息安全问题采取了粗心的态度，使用单个防病毒软件或被动保护策略无法满足数字图书馆的信息安全需求。因此，有必要对数字图书馆信息的安全性进行全面研究，并建立一个完善的数字图书馆信息安全保障体系。

三、数字图书馆信息安全策略

（一）数字图书馆信息安全策略的特征

1. 现实可行性

数字图书馆信息安全策略的第一个特征是现实可行性。数字图书馆信息安全策略必须符合实际的业务状况，而且能够满足将来的业务发展要求。

2. 非技术性

数字图书馆信息安全策略的描述语言应该是非技术性的。

3. 文档化

数字图书馆信息安全策略应该有清晰完整的文档描述。

（二）数字图书馆信息安全策略等级

1. 数字图书馆主要信息内容

目前，大多数数字图书馆都包括了以下几个方面的信息内容。

（1）图书馆概况

它指图书馆目前的基本情况，包括图书馆介绍、历史、行政工作、馆藏分布、图书馆风格、部门指南等。图书馆概况可以使读者对图书馆有一个基本的了解和认识。

（2）馆藏信息查询

它包括中文书籍目录查询、外国书籍目录查询、中文杂志目录查询、外国杂志目录查询、特殊文献目录查询、公共书目在线查询等。目的是为读者提供搜索和检索服务。

（3）读者服务

它主要为读者提供各种实用信息，目的是帮助读者更好利用图书馆提供的各种信息资源和服务。读者服务详细内容包括联系方式、开放时间、图书馆规则、读者信息检索、技术更新、电子邮件、热门图书、视听服务、文献传递、新书报告等。

（4）读者培训

目的是帮助读者更好利用图书馆网站上的数据库资源，找到所需的信息。读者培训内容包括电子资源的回收利用、应用软件使用指南等。

（5）网络导航

目的是帮助读者更有效开发使用巨大的网络资源。图书馆网站直接引导读者进入由导航服务链接的优秀网站，以便捷的方式获取所需信息。网络导航内容主要包括在线国家图书馆、电子期刊、搜索引擎和全球图书馆服务。

（6）图书馆动态

它主要指在图书馆新闻、图书馆公告中发布关于重大科研项目、出版物和展览的最新信息。

2. 数字图书馆信息内容等级划分

内容等级划分是明确信息的风险等级，确定数字图书馆受到损害的程度，确定保护等级，建立各自的安全需求。只有定义了信息需求，数字图书馆才能构建特定的安全系统，有效地保证信息的安全。

（1）划分依据

信息是否有价值，是否容易受到侵犯，是信息内容的划分依据。

本书根据国家秘密的密级划分，并结合数字图书馆信息自身的特点，将信息内容划分为核心级、内部级和公开级三级。

（2）数字图书馆信息内容等级

核心级：一旦损坏或恶意篡改，可能导致整个图书馆网站的对外服务暂停。因此，针对这类信息的安全保护是最严格的。通常，具有最高权限的领导或一些高级管理员可以修改或使用权限相关信息。这类信息主要包括网站管理员的密码、加载的电子资源的管理和使用信息、读者的个人信息和基本信息等。

内部级：此级别上的信息主要是用于数字化文档的，以长期保存主要藏书。由于此类文档是高质量的馆藏信息，因此其信息价值等级为"高"，一旦损坏或泄露会造成严重的损失。只有具有特定权限的图书馆工作人员才能访问和使用它。此类信息主要包括数字化国家关键文件、独家藏品中的关键文件、单独的书籍、稀有书籍等。

公开级：损坏此类信息造成的损失是"小的或微不足道的"。这类信息普通读者可以自由获得，主要包括图书馆资料、图书馆动态、馆藏信息、图书查询信息、阅读服务信息、图书借阅信息、网络浏览信息等。

根据上述内容，数字图书馆为确保信息的安全性应实现对核心级信息的实时保护，以防其损坏或被篡改，并应定期检查。

(三) 数字图书馆信息安全体系建设原则

1. 整体保障原则

信息安全体系遵循木桶理论，即体系中最薄弱的环节决定了整个系统的安全性，体现了弱小优先规则。信息安全涉及不同层次的管理和技术。不应忽视任何级别的安全因素，要全面发展同步进行，重点识别信息安全体系中的薄弱环节，解决相关问题，形成全面的信息安全保证体系，避免信息安全问题。避免局部弱点造成系统整体安全能力降低。

2. 持续改进原则

随着技术的不断发展，各种病毒和攻击方法将不断更新。目前看起来最安全的保护系统将来可能会充满漏洞。因此，信息安全是一个永恒的话题，有必要不断审查和评估数字图书馆的信息安全情况，并不断完善信息安全体系。

第三节 数字图书馆知识产权保护

数字图书馆的发展与知识经济的发展是相适应的。数字化和网络技术环境下建设数字图书馆所遇到的知识产权问题，实质是网络环境下公众利益与著作权人利益的重新调整。为了促进数字图书馆的健康发展，也为了全社会利益，本节对数字图书馆知识产权保护问题进行了较深入的研究和探讨。

一、保护知识产权的重大意义

第一，有助于积极发动群众开展科学研究和文学创作。知识产权保护制度致力于保护权利人在技术文化领域的知识成果。只有及时全面地保护权利人的知识成果和法律权利，才能从根本上调动人们的创造力，促进社会资源的优化配置。

第二，对企业的经济效益有很大的好处，可以有效地增强企业的经济实力。知识产权的专有性决定了拥有自主知识产权的企业在市场上立于不败之地。

第三，有助于促进对外贸易和引进外资。中国已加入世界贸易组织，并已开始遵守《与贸易有关的知识产权协定》，需保护国内外个人、法人或其他组织的知识产权。想象一下，没有知识产权保护，中国就不能参与世界贸易活动，因此保护知识产权具有重要意义。

二、数字图书馆涉及的知识产权特点

当下，以资源数字化、传递网络化、信息共享化为特征的数字图书馆强烈地影响着传统图书馆的未来发展方向。在开发过程中，如何保护一个人的权利不受侵犯或较少受到侵犯，以及如何确保他人的知识产权不受侵犯，是数字图书馆面临的新问题。

在中国，知识产权是基本的公民权利之一。数字图书馆的知识产权问题研究主要是针对著作权进行的研究。对于知识产权方面，从法律上认清图书馆馆藏数字化与网络传播行为的法律性质是非常重要的。

（一）数字化行为的法律性质

在法律界，对数字化的法律性质有许多不同的看法。在国家版权局和世界知识产权组织举行的"数字技术版权保护研讨会"上，专家们同意数字化是一种技术改造。

（二）数字图书馆管理中涉及的侵权行为

数字图书馆管理面临法律责任风险，例如盗版和解密，未经权限持有者许可而删除和更改权限管理信息等。在数字图书馆的管理中，必须加强对版权管理信息的保护，避免引起侵权纠纷。

三、数字图书馆知识产权保护措施

当前，在研究数字图书馆的知识产权保护时，有些学者赞成加强保护，有些学者则支持弱化保护。有学者认为，数字图书馆作为公共利益组织，应免除版权责任。否则将无法实现互联网对人类的福祉，并且将限制科学技术和文化历史的发展。对于数字图书馆，既不应过分加强版权保护，也不应削弱甚至忽略版权保护。换句话说，应采用充分保护的原则。在坚持这一原则的基础上，可以采取以下措施来保护数字图书馆的知识产权。

（一）完善相关的知识产权法规

目前，随着信息技术的快速发展，对数字图书馆运营中的知识产权新问题，应在相关法律法规中加以明确。例如，明确数字图书馆普及公共知识和传承人类文明的目的，确立为公众服务的"公益"性质，为数字图书馆"合理使用"制度和"合法许可"制度制定更明确的内容规范,以平衡各方利益,细化"数字复制"版权许可协议等关键术语。这样,就可以使数字图书馆的知识产权保护真正有法可依。此外,在开展数字图书馆知识产权立法时,应参考国际实践,借鉴其他国家的成功经验,加强学习和交流,完善网络环境下的知识产权相关法律法规。

鉴于我国数字图书馆著作权保护的实际情况,在制定今后的法律法规时,宜建立"著作权赔偿制度"。中国版权保护中心等权威机构可首先定期对某一地区数字图书馆的使用情况进行调查,并根据作品的类型、次数、时间和使用方法等制定合理的收费标准,提出可行的立法建议。

(二) 采取有效的技术保护措施

为了有效解决数字图书馆的知识产权问题,除了建立法律法规,还必须采取更有效的技术保护措施。

1. 数字指纹技术

数字指纹技术使用数字作业中常见的冗余和随机性数据将一定的错误引入分布式软件、图像或其他数据的每个副本中,以便跟踪该副本错误。该技术具有不可见性、鲁棒性、确定性、数据可复制以及抵抗共谋攻击的特征。

2. 智能代理技术

因为图书馆经常是侵犯知识产权作品的"最后购买者"和"防火墙",为了避免侵权风险,图书馆界必须增强自身的认识。无论如何,图书馆界必须及时采取行动,制定政策并提出对策。例如,通过与电子书和数据库供应商签订相关协议,利用智能代理技术,解决相应的产权问题以及满足数字时代的需求。

(三) 加强知识产权教育

图书馆界应该建立一个核心团队,既要具备图书馆的商业知识,又要熟悉网络知识和法律知识。同时,作为法律法规之外的软约束,图书馆界必须加强信息伦理教育,自觉接受信息开发、信息传播、信息管理、信息和使用的教育。只有这样,图书馆界才能形成一支集图书馆管理、网络技术和法律知识于一体的人才队伍。这既是数字图书馆知识产权保护的重要基础和保障,也为数字图书馆美好未来发展奠定了基石。

参考文献

[1] 赵力.数字公共图书馆著作权限制研究[M].北京:知识产权出版社,2018.

[2] 陈陶平,赵宇,蔡英.现代高校图书馆管理与服务探究[M].北京:九州出版社,2018.

[3] 王建雄,林昱.图书馆信息平台的理论基础与技术开发[M].沈阳:沈阳出版社,2018.

[4] 隋春荣,刘华卿.图书馆信息平台的理论基础与技术开发[M].成都:电子科技大学出版社,2017.

[5] 包冬梅.开放数字环境下的个性化科研信息空间研究:学术图书馆的视角[M].广州:华南理工大学出版社,2017.

[6] 毛玉琪,高士雷.开放获取应用与实践[M].北京:中国农业大学出版社,2016.

[7] 杨新涯.图书馆文献搜索研究[M].重庆:重庆大学出版社,2015.

[8] 陈红.传播学视角下的高校图书馆导读体系构建[M].长春:吉林大学出版社,2017.

[9] 黄如花.数字信息资源开放存取[M].武汉:武汉大学出版社,2017.

[10] 殷旭彪.当代教育信息化理论与实践研究[M].北京:中国书籍出版社,2017.

[11] 杨新涯.图书馆服务共享[M].北京:知识产权出版社,2016.

[12] 李东林,严真,秦柯.数字图书馆服务与相关法律问题[M].沈阳:沈阳出版社,2007.

[13] 林水秀.高校图书馆资源建设与管理研究[M].长春:吉林大学出版社,2016.

[14] 王印成,包华,孟文辉.高校图书馆信息管理与资源建设[M].北京:经济日报出版社,2018.